Thomas Meyer

Die Ironie Gottes

Thomas Meyer

Die Ironie
Gottes

Religiotainment, Resakralisierung
und die liberale Demokratie

VS VERLAG FÜR SOZIALWISSENSCHAFTEN

Bibliografische Information Der Deutschen Bibliothek
Die Deutsche Bibliothek verzeichnet diese Publikation in der Deutschen Nationalbibliografie;
detaillierte bibliografische Daten sind im Internet über <http://dnb.ddb.de> abrufbar.

1. Auflage September 2005

Alle Rechte vorbehalten
© VS Verlag für Sozialwissenschaften/GWV Fachverlage GmbH, Wiesbaden 2005

Lektorat: Frank Schindler

Der VS Verlag für Sozialwissenschaften ist ein Unternehmen von Springer Science+Business Media.
www.vs-verlag.de

Umschlaggestaltung: KünkelLopka Medienentwicklung, Heidelberg

Gedruckt auf säurefreiem und chlorfrei gebleichtem Papier

ISBN-13:978-3-531-14734-5   e-ISBN-13:978-3-322-80778-6
DOI: 10.1007/978-3-322-80778-6

Inhalt

6

Eine Resakralisierung der Öffentlichkeit?

Die *Rache* Gottes, so hatte der französische Philosoph und Islamwissenschaftler *Gilles Kepel* für die 1980er und 90er Jahre konstatiert, war die Wiederkehr der überwunden geglaubten Religionen als Fundamentalismus, als Griff nach der absoluten Macht in Kultur, Staat und Gesellschaft[1]. Die *Ironie Gottes*, so scheint es heute, ist die Resakralisierung des öffentlichen Raumes bei uns und in anderen Ländern Europas in einer Zeit, da eigentlich die Überzeugungskraft der Religion schwindet und ernsthaft bekennende Mehrheiten seit langem nicht mehr in Sicht sind[2]. Dennoch sind es die Stimmen des organisierten Christentums, die im öffentlichen Raum nahezu unangefochten mit dem Anspruch auftreten, der berufene Anwalt der öffentlichen Moral zu sein. Die voranschreitende christliche Resakralisierung der Öffentlichkeit folgt dem fundamentalistischen Griff der politisierten Religionen nach der Macht nicht zufällig. Sie gewinnt, so scheint es heute, eine unterschwellige Legitimität auch aus den Fortschritten, die dieser in seiner Epoche gemacht hat und den anhaltenden Ängsten, die er im liberalen Christentum und großen Teilen der säkularen Gesellschaft erzeugt. Nun beginnen sich die Gewichte zu verschieben.

Dem stetig erneuerten Verlangen von Kurienkardinal *Josef Ratzinger*, kurz vor seiner Inthronisierung als neues Oberhaupt der katholischen Glaubenwelt feierlich wiederholt, erst ihre christliche Lizenzierung mache die säkulare Vernunft verträglich mit dem humanistischen Geist Europas und dem demokratischen Rechtsstaat, ist nicht nachdrücklich widersprochen worden[3]. Selbst *Jürgen Habermas*, der unermüdlich als Leuchtturm des aufgeklärten Geistes inmitten des postaufklärerischen Zwielichts der Gegenwart wirkt, konnte ihm durchaus etwas abgewin-

---

[1] Kepel 1991
[2] Vergl. zu beiden Phänomenen Gabriel 2004, 2005
[3] Ratzinger 2004

nen[4]. Das Wort des Kirchenmannes und der ganze öffentliche Anspruch, den es geltend macht, scheinen unter dem Schutz der weltweiten Faszination zu stehen, die von der Wirkung der einzigartigen sakralen Theatralität des großen Medienpapstes Johannes Paul II und seinem unleugbaren Beitrags zur Entkleidung der kommunistischen Macht von den letzen Resten ihres Legitimationsscheins ausgingen. Sie fand dann in seinem öffentlichen Sterben ihr atemberaubendes Finale. Die blendende ästhetische Form einer demonstrativen charismatischen Öffentlichkeit, die der Papst den Ansprüchen der nicht-christlichen Fundamentalisten profaner und religiöser Überzeugung in Europa und großen Teilen der Welt mit wachsender Überzeugungskraft entgegen zu setzen verstand, hat die Bedingungen dafür geschaffen, dass sich seit dem Ende der ideologischen Ost-West-Konfrontation Zug um Zug eine weitgehende christliche Resakralisierung des Öffentlichen vollziehen konnte.

Das Zusammentreffen der fundamentalistischen Herausforderung mit der neu erwachten Macht einer selbstbewusst inszenierten Gegenöffentlichkeit des organisierten Christentums, zuerst des katholischen Papstes allein, nachfolgend aber auch von Wortführern anderer Kirchen, hat dieses Modell als erträglichere Alternative der geistigen Füllung des von der Säkularisierung geleerten öffentlichen Raumes offenbar für viele plausibel werden lassen, offenbar auch solchen, die seine Glaubensgrundlagen in keiner Weise teilen.

Kardinal Ratzingers Umwertung der Werte in Sachen Vernunft und Öffentlichkeit hat das Koordinaten- System der modernen Kultur in Europa kurzerhand ins Gegenteil verkehrt, ohne dass Gegenstimmen von gleichem Gewicht oder vergleichbarer öffentlicher Aufmerksamkeit Einhalt geboten hätten. Das organisierte, in seinen politischen Ambitionen durchaus liberalisierte Christentum scheint im Begriff, die Vormundschaft über den öffentlichen Raum Europas mit Samthandschuhen zurückzuerobern, dessen Beherrschung als von Gott selbst eingesetzter Zuchtmeister es durch die zwanglose Macht der Aufklärung vor nicht allzu langer Zeit eingebüßt hatte. *Larry Siedentops* einflussreiche politische Hermeneutik, der zufolge der Geist des Christentums ohnehin die

---

[4] Habermas 2004

zwar ungeschriebene, aber deswegen nicht weniger gültige Tiefenverfassung der liberalen Demokratie Europas sei, liefert dazu einen der wissenschaftlichen Begleittexte[5]. Ein anderer besteht in der Übertragung des voraussetzungsreichen amerikanischen Konzepts der „Zivilreligion" auf europäische Verhältnisse, mit dem nicht ganz so offen ausgesprochenen Subtext, die Religion sei ohnehin die eigentliche Grundlage der politischen Kultur der Demokratie[6].

Ist die Ironie Gottes nun die unblutige Waffe, mit der der „Rache Gottes", dem Vormarsch des Fundamentalismus der Anderen an so vielen Fronten und in so vielerlei Gestalt Einhalt geboten werden kann? Ist sie der Preis, den auch die weitgehend säkularisierte Gesellschaft zu entrichten bereit ist, um die fundamentalistischen Versuchung abzuwehren?

Für einen Gezeitenwechsel spricht auch das für den Beginn des dritten Jahrhunderts nach der Aufklärung verwunderliche Verlangen, das Europa des politischen Liberalismus, der religiösen Vielfalt und der vorangeschrittenen Säkularisierung bedürfe nun einer nachgelagerten Beglaubigung durch die Anrufung des Gottes der christlichen Tradition in der Präambel des Verfassungsentwurfs für die EU. Es hätte Erfolg haben können, wäre dem nicht die formale Staatsräson des laizistischen Frankreich und der politische Wille einiger anderer Skeptiker, zu denen die Bundesrepublik Deutschland bemerkenswerter Weise nicht gehörte, im Wege gewesen. Beide große Kirchen unseres Landes hatten Zusammenarbeit beim Kampf um die Rückholung Gottes in die Vertragsgrundlage des politischen Europa vereinbart und auch praktiziert, die Unterstützung der Bundesregierung war versprochen.

Immanuel Kant hatte als der eigentliche großen Wegbereiter des demokratischen Verfassungsstaats der Gegenwart zu Beginn der liberalen Epoche das Erbe der christlichen Religion als öffentlicher Macht in die Grenzen der Vernunft verwiesen, ihm in dieser Gestalt aber eine unentbehrliche Rolle bei der Gewährleistung der Moralität in der modernen Welt zugeschrieben. *„Die Moral, so fern sie auf dem Begriffe des Menschen, als eines freien, eben darum auch sich selbst durch seine Vernunft an unbedingte*

---

[5] Siedentop 2000
[6] Etwa Schieder 2001

Gesetze bindenden Wesens, gegründet ist, bedarf weder der Idee eines anderen Wesens über ihm, um seine Pflicht zu erkennen, noch einer anderen Triebfeder als des Gesetzes selbst"[7].
Kardinal Ratzinger brachte die radikale Umkehrung dieses Verhältnisses, wie sie sich seit den 1990er Jahren in Europa tatsächlich abzuzeichnen beginnt, mit harter Hand auf den Punkt, als *Papst Benedikt XVI* nun *orbi et urbi* unter dem Jubel auch einer wachsenden Zahl von Ungläubigen. Schreitet die Resakralisierung der Öffentlichkeit jetzt unaufhaltsam voran? Dafür spricht eine Reihe gewichtiger Anzeichen, nicht allein auf der Ebene der öffentlichen Diskurse selbst, sondern ebenso im Bereich der gesellschaftlichen Grundlagen, die ihnen Gewicht und Resonanz verleihen.

Wohlgemerkt, es geht beim Thema Resakralisierung der liberalen Öffentlichkeit nicht um das Recht auf eine öffentliche Rolle für die christlichen Moralinteressen. Sie zu bestreiten wäre, wie der führende Säkularisierungstheoretiker *Jose Casanova* überzeugend dargelegt hat, nicht nur im republikanischen Sinne töricht, sondern ein massiver liberaler Selbstwiderspruch[8]. Zur Diskussion stehen vielmehr die sichtbaren Anfänge eines Beinahe-Monopols. Die Macht, die die Stimme des organisierten Christentums in Deutschland in den für ein selbstbestimmtes Leben und Sterben der Menschen zunehmend ausschlaggebenden neuen Fragen der Bioethik fast unangefochten innehat, sind ein wichtiges Indiz dafür. Dass eine Demonstration christlicher Bürgerinitiativen gegen den von der Berliner Landesregierung vorgesehenen gemeinsamen Ethikunterricht an den Schulen des Landes in der Parole Ausdruck finden konnte „Gott ist größer als der Berliner Senat" ist ein ernste Besorgnis begründendes Alarmzeichen. Schon scheint sich ein Hauch von Fundamentalismus in der neuen Hegemonie des christlichen Geistes bemerkbar zu machen. Es ist also an der Zeit, zu einer Besinnung über die Grenzen des Zuträglichen einzuladen. Vielleicht kann es ja gelingen, sie deutlicher zu markieren.

---

[7] Kant 1968, VII: 649
[8] Casanova 1996, 2000

I Befunde

1 Die zugefallenen Hegemonie

Was in *Kardinal Ratzingers* Anspruch sichtbar wurde, ist die Spitze eines offenbar allmählich größer werdenden Eisbergs. Sein Vorgänger im Amt, *Johannes Paul II*, hatte zu dessen Wachstum entscheidend beigetragen, in dem Bewusstsein, das Zentrum der Kräfte gebildet zu haben, die dem totalitären Kommunismus des zwanzigsten Jahrhunderts nach längerer geistiger Belagerung seiner anscheinend so wohl armierten Festung schließlich die vernichtende moralische und intellektuelle Niederlage bereiteten, von der er sich als geistige Größe und als politischer Legitimationsglaube nicht wieder erholen wird. Die große Zahl seiner Bataillone, auf die Stalin einst höhnisch verwies, als es um die Einflusschancen der Kirche gegen die Macht des kommunistischen Staates ging, hat dessen Herrschaftsanspruch, der schon lange vom intellektuellen Zynismus seiner politischen Klasse angefressen war, nicht sichern können. Kein Zweifel, neben der westlichen Entspannungspolitik, die immer mehr liberalen Wind ins morsche Gebälk des starren Systems blies, haben vor allem auch die Kirchen, voran die katholische mit ihrer polnischen Speerspitze, die totalitäre Herrschaft moralisch in die Knie gezwungen und institutionell ins Wanken gebracht.

Das schien angesichts der äußeren Macht dieser Systeme wie ein Wunder. Nicht wenige heißen die neue Führungsrolle der öffentlichen Religion auch deswegen willkommen, weil sie glauben, dass nicht die im Entspannungsprozess Schritt um Schritt immer erdrückender werdende Überlegenheit des kompromissbereiten Liberalismus der westlichen Demokratie, sondern das Bündnis aus militärischer Hochrüstung der USA und geistiger Kompromisslosigkeit der christlichen Gegenspieler der atheistischen Herrschaft den Todesstoß versetzt hat. Das gilt jedenfalls für den größeren Teil der osteuropäischen Öffentlichkeit, aber sicher auch für eine beträchtlichen Teil Westeuropas.

Mit diesem Wind der Geschichte im Rücken konnten die Sprecher des organisierten Christentums in der nachfolgenden Dekade auch im Westen Europas unversehens in den öffentlichen Raum vorrücken, den sie mit der Institutionalisierung der liberalen Demokratie vor mehr als einem Jahrhundert hatten räumen müssen. Und sie konnten die Rolle des eigentlichen Nervenzentrums der westlichen Freiheit zurück gewinnen. In den großen moralisch politischen Diskursen, die in den 1990er Jahren und danach die öffentlichen Debatten aufwühlten – zumal, aber nicht nur in allen Fragen der sich erweiternden Palette der Bioethik – haben sie stets die erste Geige gespielt, kompromissloser, vernehmlicher, erfolgreicher als ihre Gegenspieler und nicht selten ohne öffentlich ins Gewicht fallenden Widerspruch von der anderen Seite[9]. So soll es vor allem der „christliche" Begriff des menschlichen Lebens und ein auf ihn bezogenes Verständnis der Menschenwürde sein, der dem ganzen Gemeinwesen das Gesetz in einer wachsenden Zahl für die Freiheit der Person fundamentaler Handlungsfelder gibt, obgleich dieser Begriff von anderen hierzulande vertretenen Religionen und den Grundsätzen der universalistischen Ethik keineswegs durchweg geteilt wird. Im Verständnis der öffentlichen Anwälte eines solchen Anspruchs ist es offenbar das „Christliche" an ihm, das ihm eine Art apriorische Überlegenheit verleiht, so als sei nur mit dieser Beglaubigung eine verlässliche Grenze gegen den prinzipiellen Relativismus und die moderne Versuchung der Instrumentalisierung des Menschen zu gewinnen.

Dieser politische Anspruch der organisierten Religion, obgleich weder durch universelle Gründe profaner Vernunftdiskurse gestützt, die doch die Grundlage der liberalen Demokratie bilden, noch von einem aktiven Konsens der Gesellschaft getragen, wirkt als eine Art Vormundschaft über das ganze Gemeinwesen in der säkularisierten Gegenwartswelt. Er beruht auf eigener Ermächtigung und dem paradoxen Faktum, dass trotz nachlassender Tiefendurchdringung der Gesellschaft mit religiösem Glauben, die Gegenstimmen zur politischen Religion im öffentli-

---

[9] Vergl. Gabriel 2005

chen Raum kaum noch zu vernehmen sind. Auch wenn diese Entwicklung am Ende ohne wirksame Alternative bleiben sollte, berührt sie doch
die geistigen Grundlagen und die politischen Geschäftsbedingungen der
liberalen Demokratie, die eine solche Hegemonie aus guten Gründen
nicht vorsehen.

Die *Ironie* dieses Vorgangs gründet in zwei miteinander verbunde-
nen Sachverhalten. Der eine besteht in dem Glauben vieler Ungläubiger,
dass ein bisschen Gott in öffentlichen Dingen im Grunde nicht schaden
kann, zumal Alternativen der säkularen Vernunft in den meisten Fragen,
um die es im öffentlichen Raum heute geht, an Einheitlichkeit, Simplizi-
tät und Unbedingtheit nichts Gleichgewichtiges aufbieten können. Auf
Seiten der Repräsentanten des organisierten Christentums entspricht
dem die kurz entschlossene Selbstermächtigung, den Raum zu füllen,
den die „entleerende Säkularisierung" zunehmend brachlegt, auch wenn
sie die Gesellschaft, für die sie sprechen, nicht mehr repräsentieren können[10]. Es ist auf beiden Seiten ein *Glaube Als Ob.* Die politisierte Religion
kann auftreten, als ob sie eine Welt von Gläubigen repräsentierte, und
alle wissen zwar, dass es nicht so ist, beginnen sich aber in der *Als Ob-
Welt* einzurichten und machen sie allmählich real.

Eine solche Entwicklung könnte mit der Zeit den öffentlichen Charakter verderben. Sie kann, wenn sie ungebrochen fortgesetzt wird, zu
einer Gefährdung des Gesellschaftsfriedens führen, denn die vormund-
schaftlichen Christen repräsentieren in vielen Fragen nicht das, was die
meisten denken und wollen, und ihre Vorstellungen von Gut und Böse
sind in Wahrheit auch nicht ohne Alternative, weder in der Theorie noch
im Leben. Sie neigen schon heute zur Steigerung ihrer Ansprüche und
ihrer Selbstgewissheit. Das hat die Debatte um die Anrufung Gottes in
der europäischen Verfassung in aufschlussreicher Weise erkennen lassen.
Das gilt gleichermaßen für den frappierenden Sachverhalt, dass das öffentliche Siechtum und Sterben des großen Medienpapstes nicht nur die
Gemeinde der Gläubigen, sondern nahezu die ganze Öffentlichkeit und
selbst noch Teile der andersgläubigen Fernsehgemeinden in aller Welt
dermaßen in seinen Bann schlug, dass für eine halbwegs aufgeklärte Bi-

---

[10] Zum Begriff Habermas 2001

lanz dieser in mancher Hinsicht politisch-kulturell desaströsen Regentschaft kein Raum blieb. Dabei hätte es zumindest für die öffentlich verantwortlichen Medien durchaus nahe gelegen, hin und wieder aus dem Medienbann des großen Charismatikers herauszutreten und danach zu fragen, was seine Religionspolitik im wirklichen Leben gerade viele seiner gläubigen Anhänger tatsächlich bewirkt hat. Angefangen von der Stilllegung der Befreiungstheologie in Südamerika, wo sie oft der einzige Anwalt der Unterdrückten und Ausgegrenzten war, über die Erleichterung der Verbreitung der Todeskrankheit Aids in Folge des päpstlichen Verbots von Verhütungsmitteln bis hin zur Zunahme der Armut in katholisch dominierten Entwicklungsländern wie den Philippinen durch das Verbot der Geburtenkontrolle.

Die Ironie Gottes betrifft mehr noch als diese Sachverhalte selbst, die ja alle bekannt sind, den Umstand, dass sie als öffentliche Themen kaum noch zur Sprache gebracht werden. Langsam scheint sich ein Regime von *cultural correctness* in der Öffentlichkeit einzubürgern, das das *Als Ob* des öffentlichen christlichen Konsenses, auch wenn er in der Gesellschaft keine wirkliche Basis hat, zur festen Regel für alle macht.

Die Diagnose dieses paradoxen Sachverhalts zielt, um ein beim flüchtigen Leser vielleicht nahe liegendes Missverständnis zu verhindern, keineswegs auf eine prinzipielle Religionskritik und schon gar nicht auf die Bestreitung des Rechts der Religion zur öffentlichen Intervention, wann immer es ihr ratsam erscheint. Im Gegenteil. Worum es allein geht, ist ein Anstoß zur abermaligen kritischen Selbstreflexion eines neuerdings sich ausbreitenden Verständnisses von „Zivilreligion", das sich anschickt, die Hegemonie im öffentlichen Raum rechtsstaatlicher Demokratien zu übernehmen, in der Meinung, das demokratische Gemeinwesen brauche nun einmal eine Grundlage in letzten Dingen, die, konsequent betrachtet, in nichts anderem als einer entgegenkommenden Religion bestehen könne. Worum es geht, ist ein Versuch der Aufklärung, dass es sich bei dieser Schlussfolgerung um ein Missverständnis handelt, das die Grundlagen der Demokratie nicht stärkt sondern schwächt, weil es auf einen vermeidbaren Kulturkampf hinauslaufen dürfte, auch wenn dieser nach Lage der Dinge, diesmal ein eher stiller bleiben dürfte. Angesagt scheint mithin eine *neue Stufe der Selbstreflexion* im Prozess der Selbstzivilisierung politisch fungierender Religionen.

Das betrifft zunächst den Begriff der „Zivilreligion", der in seiner ungeklärten Ambivalenz andernfalls zum Wegbereiter für die Normalisierung einer Art Dauerhegemonie der politischen Religion im öffentlichen Raum der liberalen Demokratie werden könnte.

2 Eine ambivalente Verführung: „Zivilreligion"

Der Begriff der „Zivilreligion" geht in erster Linie auf die Arbeiten des amerikanischen Religionssoziologen *Robert N. Bellah* und seinen Versuch zurück, das eigentümliche Sonderverhältnis der Religion der USA zu Staat und Politik zu erklären[11]. Während die Trennung von Staat und Religion dort, einem dringlichen Verlangen der dominanten christlichen Denominationen selber folgend, streng ist, spielte die Religion als unangefochtene zivilgesellschaftliche Vormacht seit eh und je die erste Geige in allen Bereichen der Politik des Landes. Religion war immer zugleich konsequent entstaatlicht und fraglos politisch hegemonial. Diesen Exzeptionalismus der USA bringt der Begriff der Zivilreligion prägnant auf den Punkt.

In Deutschland hingegen begleitet der Versuch seiner Einführung den Prozess der Resakralisierung des öffentlichen Raums in einer kennzeichnend doppeldeutigen Weise. Er strebt dem amerikanischen Vorbild nach, ohne die beträchtliche Differenz der Verhältnisse hier und dort ignorieren zu können. Er soll einerseits die zivilgesellschaftliche Rolle der Religionen in rechtsstaatlichen Demokratien bezeichnen, also den spezifischen Beitrag, den sie zur politischen Kultur der Demokratie leisten können. Er soll aber nach der Auffassung prominenter Autoren auf der anderen Seite auch einer Deutung Ausdruck verleihen, der zufolge die letzten Wertgrundlagen demokratischer Verfassung im Grunde genommen stets unvermeidlich von religiöser Qualität sein müssen[12]. Der Unter-

---

[11] Bellah 1958, 1970
[12] Schieder 2001

schied zwischen diesen beiden Verwendungsweisen des Begriffs ist groß und folgenreich. Darum ist vor allem ein Sprachgebrauch, bei dem diese beiden ganz verschiedenartigen Bedeutungen in ungeklärter Gemengelage gleichzeitig in Anspruch genommen werden, unvertretbar.

Sollte es nämlich tatsächlich der Fall sein, dass die letzten Wertgrundlagen demokratischer Verfassung unweigerlich religiöser Natur sind, so würden die Sprecher der Religionen, die diesen Anspruch erheben, gleichsam auf natürlichem Wege zu den berufenen Anwälten und Interpreten dessen, was die politische Kultur eigentlich verlangt und in konkreter Lage zu bedeuten hat. Die jeweils einschlägigen Religionen und die, die in ihrem Namen sprechen, wären auf diese Weise als Hüter der politischen Kultur des demokratischen Rechtsstaates von Hause aus privilegiert. Stillschweigend wären sie dann immer schon in einer kulturell hegemonialen Position, die die Redeweise von der „christlichen Zivilisation" des Westens zwar nur auf atmosphärische, aber eben doch auch konkret nutzbare Weise mit einem handfesten politischen Inhalt versehen würde. Aus diesem Dilemma führt eine beschwichtigende Deutung, der zufolge die letzten politischen Werte der Demokratie, *wie* ein religiöser Glaube Geltungskraft besitzen und einfordern, nicht heraus. Denn entweder müssten dann die Unterschiede zu wirklichen Religionen deutlich gemacht werden oder die Identifikation mit Religion wäre eben doch vollzogen.

Es gibt in der Geschichte der Bundesrepublik Deutschland einen bemerkenswerten Präzedenzfall für den Versuch, die Grundwerte der christlichen Tradition als die eigentliche Tiefenverfassung der geschriebenen Verfassung in Stellung zu bringen und für die Entlegitimation einer unliebsamen Politik der parlamentarischen Mehrheit zu nutzen. Kurz nach der Amtsübernahme der sozialliberalen Regierung im Jahr 1969 und ihren Versuchen auf so zentralen Handlungsfeldern wie der Mitbestimmung und der Schwangerschaftsunterbrechung den verfassungsmäßigen Spielraum für die gesetzliche Regelung der sozialen Grenzen des Eigentumsrechts und des Verhältnisses der Selbstbestimmung schwangerer Frauen und Rechte des ungeborene Lebens auszuschöpfen, begann eine leidenschaftliche Grundwertediskussion, die diese Reformprojekte ihres demokratisch-rechtsstaatlichen Legitimationsanspruchs entkleiden wollte [13]. Sie zielte ab auf den Nachweis einer Art weltanschaulicher Aura der Verfassung, in deren Licht der Gesetzgeber die geschriebenen Artikel auszulegen habe. Wenn sich eine solche These auf die Anrufung Gottes im Verfassungstext selbst berufen kann, hat sie durchaus eine gewisse Durchsetzungschance. Auch das Bundesverfassungsgericht, das in den genannten Zusammenhängen von der christlich argumentierenden Opposition angerufen wurde, scheint in dieser Hinsicht nicht ganz unbeeindruckt geblieben zu sein.

In den USA ist die Vorstellung einer weltanschaulichen Aura der Verfassung, die das oberste Gericht neben dem profanen Text in seine Urteilsfindung einbeziehen kann, ein umstrittenes öffentliches Diskussionsthema. Sogar in der verfassungsrechtlichen Debatte hat sich dort die Vorstellung eines weltanschaulichen Halbschattens der Verfassung, unter dem Terminus *penumbra*, eingebürgert, der selber eine Art übergeordnetes Verfassungsrecht konstituiert. In den beiden spektakulären Urteilen *Griswold v. Connecticut* 1971 und *Roe v. Wade* 1973 ist dieser zwar für eine liberale Auslegung der Verfassung in den beiden Fragen des absoluten Schutzes der Privatheit und der Schwangerschaftsunterbrechung in Anspruch genommen worden. Es hängt, wenn die These selbst erst einmal eine gewisse Plausibilität gewonnen hat, aber ganz von den weltanschaulichen Orientierungen der obersten Richter ab, welchen tatsächlichen Niederschlag eine solche als religiös-politisch interpretierte Aura in den Urteilen des obersten Gerichts und im politischen Prozess auch einer durch und durch liberalen Demokratie finden kann. Die Anrufung Gottes in der Verfassung kann sich unter diesen Umständen als eine folgenreiche Weichenstellung erweisen.

Die problematische Ambivalenz des Begriffs der Zivilreligion resultiert aus der mangelnden Unterscheidung zwischen letzten und vorletzten Überzeugungen im Hinblick auf die Grundlagen des öffentlichen Zusammenlebens. Bei den soziokulturellen Grundwerten, die den Kern der politischen Kultur der Demokratie ausmachen, vor allem Freiheit, Gerechtigkeit, Solidarität, Zivilität und die Fähigkeit, Gemeinsamkeit in den Grundüberzeugungen und Konflikte in der Sache miteinander ver-

---

[13] Gorschneck 1977, Kimminich 1977

binden zu können und zu wollen, handelt es sich um Wertüberzeugun-
gen, zu denen sich Menschen auf der Basis höchst unterschiedlicher
weltanschaulicher, religiöser oder profan vernünftiger Letztbegründungen entscheiden können. Sie sind keine Religion und setzen auch keine
voraus.

Für die unbedingte Geltung dieser politischen Grundwerte im Bewusstsein der einzelnen Person spielt es zwar tatsächlich eine ausschlaggebende Rolle, wie diese sie für sich in ihre jeweiligen letzten Überzeugungen einbettet. Welche besondere Glaubensüberzeugung jedoch bei
der Vielfalt der Einzelperson zu dieser Überzeugung führt, spielt für die
kollektive kulturelle Geltung der politischen Grundwerte keine Rolle.
Diese beruht auf Gründen profaner Vernunftüberzeugungen, denen alle
Bürger unabhängig von ihren Letztüberzeugungen zustimmen können,
mögen diese säkular-humanistischer, religiöser oder anderer Natur sein.
Für die politischen Grundwerte des demokratischen Gemeinwesens kann
und muss mit Vernunftgründen geworben werden, denen zuzustimmen
keine spezifischen Glaubensüberzeugungen voraussetzt. In den USA so
gut wie in Indien, Indonesien oder der Bundesrepublik Deutschland
stimmen Christen verschiedenster Observanz, Muslime, Hindus, Budd-
histen und säkulare Humanisten gleichermaßen in der vorbehaltlosen
Akzeptanz der politischen Grundwerte des demokratischen Rechtsstaats
überein. Die religiös Motivierten unter ihnen tun dies überwiegend vermutlich in der Überzeugung, damit auch ihrem religiösen Glauben einen
Dienst zu erweisen. Gleichzeitig lehnen unterschiedlich große Gruppen
ihrer jeweiligen Glaubensgenossen aus Gründen, die sie in den politischen Konsequenzen ihrer Religion zu finden meinen, dieselben politischen Grundwerte leidenschaftlich ab[14].

Das Argument von *John Rawls*, wonach die Grundwerte des politischen Liberalismus ihre reale Geltungsmacht nur dort entfalten können,
wo sie in weltanschaulich gestützte Lebensformen eingebettet sind, die
sich im Hinblick auf sie überlappen, setzt weder voraus, dass es sich dabei um Religionen im strikten Sinne handeln muss, noch dass die
Grundwerte durch die Einbettung selber eine Art religiöser Qualität ge-

---

[14] Meyer 2002

winnen[15]. Es geht bei dem Einbettungsargument nicht um Begründung, sondern um die soziale Stabilisierung von Motivationen. Wegen der unaufhebbaren Differenz von Letztem und Vorletztem in den politischen Überzeugungen von Personen ist es nicht nur missverständlich, sondern in der Sache falsch und in den Konsequenzen fatal, den Begriff der Religion zur Begründung politischer Grundwerte der Demokratie in Anspruch zu nehmen. Diese können vielmehr für alle im Hinblick auf die *persönlichen* Überzeugungen nur vorletzte Wertentscheidungen sein, auch wenn sie *für das politische Gemeinwesen* letzte Verbindlichkeit beanspruchen.

Jeder synchrone und diachrone Vergleich erweist, dass alle Religionen der Welt einen Beitrag zur politischen Kultur der rechtsstaatlichen Demokratie leisten können, aber nicht müssen. Keine von ihnen nötigt dazu von Haus aus. Sie tun es dann und nur dann, wenn große Gruppen von Personen aus ihnen ihre Entscheidungen für den demokratischen Rechtsstaat ableiten. Es ist in diesen Fällen aber, wie der historische Längsschnitt unmissverständlich belegt, die Idee der rechtsstaatlichen Demokratie, die den politischen Gebrauch der Religion in einem sehr späten Stadium ihrer Entwicklung *zivilisiert* hat, und nicht die ursprüngliche Glaubenssubstanz der Religion, die die Grundwerte der rechtsstaatlichen Demokratie aus sich heraus geboren hat.

Die politische Kultur der rechtsstaatlichen Demokratie ist für die Möglichkeit und den Erhalt ihrer Institutionen ein Letztes, aber nicht für die Glaubenswelt der Menschen und Bürger, auf deren Unterstützung sie angewiesen ist. Sie ist eben eine gesellschaftliche Kultur und keine Religion, weil sie nichts anderes zum Ausdruck bringen kann, will und darf als einen Kosmos sozialkultureller Orientierungen im Hinblick auf die politische Dimension des Zusammenlebens der Vielen. Sie wirkt „wie eine Religion" nicht im Verhältnis zur Person, sondern allenfalls in analoger Redeweise zu den staatlichen Institutionen. Dabei verspricht sie Erlösung oder Heil gerade dann nicht, wenn sie den Werten des politischen Liberalismus verpflichtet ist. Darum ist es im Hinblick auf das, was Religion für die Überzeugungswelt der Person ist, ein Missverständnis,

---

[15] Rawls 1994

den Ausdruck Zivilreligion zur Umschreibung der Funktionsweise politischer Kultur in demokratischen Rechtsstaaten zu benutzen.

In den USA mit ihrer höchst eigensinnigen Tradition der Rolle religiöser Überzeugungen im öffentlichen Leben eines liberalen Rechtstaats
ist das Konzept durch die einflussreichen Studien *Robert N. Bellahs* fest
verankert und in der Sache fundiert. Die Probleme, die daraus hervorge-
hen können, zeigen sich gerade in jüngster Zeit, wo sich die Grauzone
zwischen politisch fungierender Zivilreligion und Fundamentalismus im
öffentlichen Raum auszuweiten beginnt und die großen Entscheidungsfragen des Gemeinwesens als scheinbar bloße Glaubensfragen ihres unvermeidlich politischen Charakters entkleidet werden sollen, um sie der
legitimen Kontroverse zu entziehen.

Die plötzliche Prominenz des doppelsinnigen Begriffs der Zivilgesellschaft in Europa (durch die Studie *Wolfgang Schieders* auch in
Deutschland) scheint diesen nun in die Rolle einer wirkungsvollen
Scheinbegründung für die neue Hegemonie der Religion im öffentlichen
Raum zu bringen. Er ist im Begriff, eine Diskursatmosphäre zu schaffen,
in der nun auf einmal auch hierzulande Religion als die eigentliche
Grundlage des demokratischen Rechtsstaates erscheint. Auf diesem Wege wird der Tendenz zur Resakralisierung der Öffentlichkeit eine Art
demokratiepolitische Weihe erteilt.

Für die politische Kultur der liberalen Demokratie bleibt konstitutiv,
dass ihre Grundwerte und Basisorientierungen zwar für das Gemeinwesen, nicht aber für den einzelnen Bürger ein Letztes sind. Für diesen können und dürfen sie nur ein Vorletztes sein, denn seine bestimmenden
Gründe für Moralüberzeugungen und Lebensethik, Weltanschauungs-
gewissheiten und Glückserwartungen sind für das freie Gemeinwesen
nicht konstitutiv, wohl aber dafür, dass der Einzelne sie als Voraussetzung und Rahmen für sein eigenes Leben nutzen, schätzen und stützen
will.

Unter den Weltanschauungen, die in der Gegenwartswelt persönliche Letztüberzeugungen von Menschen formen und begründen, die für
die politische Kultur der Demokratie einstehen, können beispielsweise
Konfuzianismus und *Mihayana-Buddhismus* sowie natürlich die verschiedenen Varianten säkularer Lebensformen nicht sinnvoll als Religionen

bezeichnet werden, wenn etwa die Existenz personifizierter Gottheiten in einer Jenseitswelt und die Unsterblichkeit der Seelen zu den Bestimmungsfaktoren von Religion gerechnet werden. Die Gleichsetzung jeder Art persönlicher Letztüberzeugung mit Religion ist aber im Hinblick auf die Streitfragen, um die es dabei geht, nur eine *petitio principii*.

Es ist eine alte Versuchung, die seit dem Beginn der Säkularisierung immer wieder neu bemüht und begründet worden ist, alle Arten von Letztüberzeugungen als Religionen zu deklarieren und die auf diesem Wege erzeugte Banalisierung jedes wirklichen Religionsglaubens als eine Art Beweis der Unvermeidlichkeit von Religionsglauben überhaupt zu nehmen. Das scheint für die Fürsprecher religiöser Konfessionen den Vorzug der Beweisentlastung und Normalisierung zu haben, weil dann ja das Nicht-Haben von Religion gar nicht denkbar wäre und mithin Religiosität zum selbstverständlichsten Faktum würde. Dann wäre auch der Unterschied zwischen säkularer Vernunft und Religion im Prinzip eingeebnet, so dass der Anspruch vernunftkritischer Prüfung religiöser Weltdeutungen und politischer Forderungen für den Gebrauch in der öffentlichen Arena in sich zusammenbricht. Der Dualismus von Vernunft und Religion, von universalistischer Argumentation und partikulärer Gewissheitsüberzeugung wäre transformiert in einen bloßen Parallelismus divergenter Religionen, die füreinander kein kritischer Maßstab und auch keine Geltungskritik mehr darstellen können, da sie letztlich alle auf der selben Art von Glauben beruhten.

Eine solche Entlastung von kritischer Überprüfung eigener Geltungsansprüche im politischen Gebrauch fordert freilich den Preis einer Trivialisierung von Religion und religiösem Glauben, die dann ja beide zu unvermeidlichen universellen Alltagspraktiken würden und somit das besondere Verdienst, dass sich die Gläubigen in allen wirklichen Religionen durch Glaubensüberzeugungen erwerben sollen, um Erlösung zu finden, gerade nicht gewährleisten können.

Es gibt freilich ein Drittes zwischen Religion und säkularer politischer Vernunft, nämlich die *politischen Pseudo-Religionen*. Die großen Beispiele des zwanzigsten Jahrhunderts sind der hinlänglich untersuchte und dokumentierte Beleg dafür[16]. Beide, Nationalsozialismus und Kommunismus, haben sich umfassend, prinzipiell und in allen Dimensionen, aus den Arsenalen der religiösen Überlieferung bedient und sie für ihre eigenen Zwecke fantasievoll und hemmungslos benutzt. Beide stellten ein Erlösungsversprechen ins Zentrum ihrer ideologischen Verheißungen. Sobald die eigenen Bestrebungen zum Sieg geführt und alle Gegner niedergerungen wären, sollte das Zusammenleben der Auserwählten frei sein von Widersprüchen, Konflikten, Mangel und Not. Eine Art säkularisiertes Paradies stand in Aussicht. Den großen Führern wurde ein Charisma zugeschrieben, das seine Quelle jedenfalls nicht in der Zustimmung der Anhänger und auch nicht in bloßer Handlungskompetenz hatte, sondern aus der Verkörperung einer historischen Mission in dem einen Falle und des Schicksals der Volksgemeinschaft in dem anderen Fall bezog. Züge des Endzielhaften und Jenseitigen, eine profan geschminkte Eschatologie standen im Mittelpunkt beider Varianten dieses politischen Legitimationsglaubens.

Vor allem die Rituale, Liturgien und visuellen Selbstinszenierungen beider Bewegungen, einander in vielerlei Hinsicht bis ins Detail hinein zum Verwechseln ähnlich, waren religiösen Ursprungs. Die Dichte, Allgegenwart und Eindringlichkeit der liturgischen Rituale dieser pseudoreligiösen politischen Ideologien übertrafen alles, was die Kirchen und Religionen bis dahin im öffentlichen Raum in dieser Hinsicht aufgeboten hatten.

Von den wirklichen Religionen unterschieden sich diese Glaubenssysteme aber vor allem darin, dass von Anfang an dem unvoreingenommenen Verstand erkennbar war, dass ihre Verheißungen auf Lügen und der Missachtung der Menschwürde beruhten und das Heil, das sie zu stiften vorgaben, nicht nur für ihre Gegner, sondern auch für die Anhänger selbst sich absehbar als Unheil erweisen würde. Beide glaubten im Namen der Gewissheitsansprüche, die sie verkörperten, zu grenzenlosem politischen Handeln ermächtigt zu sein und keine Grundrechte und keinen Würdeschutz respektieren zu müssen. Im Namen des Heils, das sie versprachen, wurde alles zum Material für den Bau der neuen Welt,

---

[16] Huttner 1999

auch die Menschen selbst. Ein derartig entgrenzter politischer Gestaltungswahn war historisch beispiellos. Der Holocaust der Nationalsozialisten ist zu einem historischen Symbol dafür geworden. Der Archipel Gulag, eine allgegenwärtige Parallelgesellschaft des Terrors, in die jeder zu jeder Zeit gestoßen werden konnte, sein stalinistisches Gegenstück. Bei beiden Ideologien handelte es sich trotz der schamlosen Anleihen aus religiösen Traditionen bis hin zur falschen Metaphysik gerade nicht um politische Religionen und schon gar nicht um Zivilreligionen, zu letzterem fehlte es schon an der Voraussetzung der Zivilität. Beide Beispiele zeigen, dass eine Deklaration der Grundlagen politischer Gemeinwesen als ihrer Natur nach religiös, weil sie für deren Legitimationsanspruch eine Art „Letztbegründungen" darstellen, unhaltbar ist. Sie ist in der Sache nicht gerechtfertigt, denn solche Legitimationsgrundlagen können, wie die Geschichte in mannigfachen Beispielen zeigt, durchaus frei von religiösen Ansprüchen sein und sie degradieren die wirklichen Religionen wider Willen, da sie den Unterschied zwischen ihnen und den Artefakten der Machtsicherung verwischen.

Was bleibt, ist der grundlegende Befund: Politische Kultur als Überzeugungsfundament politischer Gemeinwesen muss nicht religiös geprägt sein und die politische Konsequenzen, die aus Religionen gezogen werden können, müssen nicht von Vornherein der Legitimation bestehender Gemeinwesen zugute kommen, und gewiss nicht dem demokratischen Rechtsstaat. Das Wechselverhältnis zwischen beiden ist vielmehr offen und voraussetzungsreich. Welchen Beitrag Religionen zur Legitimation und Stabilität demokratischer Rechtsstaaten leisten können, hängt entscheidend davon ab, ob die politische Religion ihrerseits erfolgreich zivilisiert worden und, vor allem, vom Bürgergeist moderner Zivilgesellschaften durchdrungen ist. Die Logik der Zivilisierung entstammt aber gerade nicht den Quellen der Religionen selbst, sondern den Lebensbedingungen eines aufgeklärten Gemeinwesens, die unter anderem das Zusammenleben einander widersprechender Religionen und Weltanschauungen ermöglichen müssen.

3   Die verdächtigte Aufklärung

Die Zivilisierung der Religion ist nur als eine Form der Selbstaufklärung
möglich. Die Resakralisierung der Öffentlichkeit gewinnt ihre Selbstverständlichkeit aber auch aus dem Verblassen des Rufs der Aufklärung als
jener überlegenen Vernunftkultur, die Maßstäbe für die öffentliche Verständigung aller über die Bedingungen des Zusammenlebens zu begründet vermag. Sie steht seit dem letzten Drittel des zwanzigsten Jahrhunderts unter dem Generalverdacht, selber die Ursache all der Übel zu sein,
die seit der Verstoßung des Christentums vom Thron der geistig-
politischen Vormacht, den es Jahrhunderte lang besetzt hatte, in Europa
geschehen sind, vom politischen Totalitarismus bis hin zur drohenden
Zerstörung der natürlichen Lebensgrundlagen der Zivilisation. Nun bedürfe die aufgeklärte Vernunft, die als Befreiung von aller geistigen, zumal der christlichen Vormundschaft angetreten war, sozusagen selber
einer Art Vormund, um das Wenige, das sie bei Lichte besehen tatsächlich vermag, ohne größeren ungewollten Schaden überhaupt leisten zu
können. Das ist die Prämisse von Kardinal Ratzingers Argument.

Nachdem die Aufklärung als Kultur der autonom gewordenen
menschlichen Vernunft ihren historischen Triumphzug im achtzehnten
Jahrhundert begonnen und im neunzehnten ungestüm fortgesetzt hatte,
der ihren eifrigsten Proponenten unablässigen Fortschritt, die Perfektibilität des Menschen und die vollständige Unterwerfung der Natur und
das Ende aller Religionen verhieß, geriet sie im zwanzigsten Jahrhundert
Zug um Zug in den Verdacht, selber für die beispiellosen Menschheitska-
tastrophen verantwortlich zu sein, die über Europa herein brachen oder
drohten.

Für den Nationalsozialismus sollte sie mitverantwortlich sein, weil
sie die Grundlagen des Christentums geschwächt und damit religions-
feindlicher Herrschaft den Boden bereitet hatte. Der sowjetkommunisti-
sche Totalitarismus wurde ihr zugeschrieben, da sich dessen Ideologen
auf sie beriefen und vorgaben, nichts anderes zu betreiben, als die fälli-
gen Konsequenzen aus den Vorstellungen der Perfektibilität des Menschen und des gesetzmäßigen Fortschritts in der Geschichte der Menschheit ziehen. Den Todesstoß gab ihr in den Augen vieler unter ihren vor-

maligen Verehrern aber das weltweite Erwachen des Bewusstseins von der Zerstörbarkeit der natürlichen Grundlagen der menschlichen Zivilisation und die Vorstellung, dass Naturwissenschaft und Naturbeherrschung, die Lieblingskinder des aufgeklärten Geistes, im Begriffe seien, die Lebensadern der menschlichen Zivilisation zu durchtrennen.

In Teilen des intellektuellen Diskurses, weniger im Bewusstsein einer großen Öffentlichkeit, hatte ein Text, der dem Geist der Aufklärung selber am tiefsten verbunden schien und daher gleichsam mit der Kennerschaft der Insider-Perspektive sprach, ihre selbst vernichtende „Dialektik" als das eigentliche Wesen der „Aufklärung" beschrieben[17]. Dem zufolge ist dem aufgeklärten Geist das Umschlagen in totalitäre Beherrschung von Mensch und Natur schon ursprünglich eingeschrieben, weil er die Prinzipien der Generalisierung, der Universalisierung und der Herrschaft der Vernunft über alles Individuelle und Besondere, zumal die Natur des Menschen selbst, ins Zentrum seines Weltverständnisses rückt.

Alles, was im zwanzigsten Jahrhundert aus der Perspektive eines humanistischen Weltverständnisses und einer ökologischen Naturbetrachtung falsch gelaufen war, sollte mithin das unvermeidliche Resultat des Praktischwerdens der Aufklärung selbst sein, weil sie über keine inneren Schranken verfüge, dem Totalitarismus der autonom gewordenen Vernunft Einhalt zu gebieten. Als ihre Erben empfahlen sich in dieser Reihenfolge und je nach dem Fokus ihrer Aufklärungskritik nacheinander die Religion, die dialektische Gesellschaftskritik, der Ökofundamentalismus und der Postmodernismus. Die Religion klagte den Vorrang des christlichen Menschenbildes gegen die Trugbilder der Perfektibilität und des gesetzmäßigen Fortschritts der Geschichte ein. Die dialektische Gesellschaftskritik blieb im Widerspruch zwischen einem hohen Ideal unbedingter Mündigkeit und der Feststellung gefangen, dass diese unmöglich sei, wo hermetische, kulturelle und gesellschaftliche Herrschaftsstrukturen dominieren. Der Ökofundamentalismus hoffte, der Natur selber die Werte und Gesetze entnehmen zu können, die eine friedliche Koexistenz von Mensch und Natur ohne Herrschaft und Unterwerfung

---

[17] Adorno/Horkheimer 1944

auf Dauer möglich machen können. Und der Postmodernismus hält Freiheit, Menschlichkeit, kulturelle Verschiedenheit und Erkenntnis ohne Zwang nur jenseits aller Ansprüche auf die Herrschaft des Allgemeinen und universalistische Geltung für möglich, sei es in Fragen der moralischen Normen oder der Welterkenntnis.

Die rasche Abfolge dieser vernichtenden Wellen radikaler Aufklärungskritik hatte diese am Ende, wie es schien, so umfassend und an allen Fronten zu Boden geworfen, dass sich auf sie nichts Verlässliches mehr bauen ließ. Diese „Aufklärung" über die Aufklärung hatte das paradoxe Ergebnis, dass am Ende des zwanzigsten Jahrhunderts kein halbwegs aufgeklärter Geist mehr ein Kind der Aufklärung sein wollte. Schon dieses Paradox lässt erkennen, dass der größte Teil der Aufklärungskritik selber noch von den grundlegenden Errungenschaften und Einsichten der Aufklärung lebt und in deren Licht die Maßstäbe findet, um zu überwinden, was ihnen widerspricht. Dass die Aufklärung über die Aufklärung von deren Anspruch nicht loskommt, erweist sich am Ende als deren nachhaltigste Dialektik.

Es zeigt sich nämlich, dass es wenig Sinn macht, die Aufklärung als eine unteilbare historisch-geistige Gestalt zu verstehen, die alles umfasst und der darum alles zuzurechnen ist, was in ihrem Namen und in ihrer Epoche je geäußert und getan worden ist. Aufklärung verliert jede Kontur, wenn sie als Synonym für die ganze Epoche des postchristlichen Europa seit der französischen Revolution gilt[18]. Sie lässt sich nicht sinnvoll gleichzeitig als Epochenbegriff und als normatives Konzept säkularer Vernunftorientierung verwenden, so wie es wenig ergiebig wäre, alles was im christlichen Mittelalter geschah, als logische, unausweichliche und persistente Konsequenz der christlichen Botschaft zu verstehen, Folter, Kreuzzüge, Inquisition und Hexenverfolgung eingeschlossen. Als Sinnzentrum der Aufklärung, das allein als Maßstab für das Geltung beanspruchen kann, was in der nachfolgenden Epoche ersonnen, begründet und praktiziert worden ist, können vielmehr die in der *kantischen* Vernunftkritik resümierten und begründeten Grundsätze fortwirkende Geltung beanspruchen.

---

[18] Porter 1991

Dabei handelt es sich, erstens, um das Prinzip der Mündigkeit einer jeden Person, ihre Verantwortung zum Selbstdenken und zum eigenverantwortlichen Gebrauch der Gabe der Vernunft. Sie besteht im Kern in der Fähigkeit, auf Argumente einzugehen, Argumente vorzutragen und die eigenen Urteile im Lichte der besseren Argumente zu bilden. Es kommt, zweitens, in der Sphäre des Zusammenlebens und der Begründung verbindlicher politischer Ordnung in der Bindung aller Herrschaft an eine Öffentlichkeit zum Ausdruck, die durch den freien Austausch von Gründen wahrscheinlich macht, dass Argumente und Einsichten als Maßstab des Gemeinwohls und die Verpflichtung staatlichen Handelns zur Achtung seiner Vorgaben wirksam werden. Das dritte, wohl wichtigste Produkt des Aufklärungspostulats der Mündigkeit ist die Vernunftmoral des kategorischen Imperativs. Als Ergebnis einer Selbstbestimmung der praktischen Vernunft im Hinblick auf die Normen des Handelns und der Gesetzgebung begründet er als oberste Regel für gerechtfertigtes soziales und politisches Handeln, dass jeder Mensch unter allen Umständen stets zugleich als ein Selbstzweck und niemals bloß als Mittel für die Zwecke anderer behandelt werden darf. Das ist das universalistische Programm der unbedingten Geltung der Grund- und Menschenrechte für jeden einzelnen Menschen unabhängig von allen anderen Bestimmungen, die er haben kann.

Im kantischen Verständnis sind dies die Grundnormen aufgeklärten Denken und Handelns, alles andere muss sich vor dem Gerichtshof, dessen Regeln sie bestimmen, verantworten können. Der generative Kern säkularer Vernünftigkeit in diesem Verständnis der Aufklärung enthält folglich, bis auf die Postulate der vernünftigen Prüfung von Erkenntnisansprüchen und Handlungsvorschlägen sowie der unbedingten Selbstzweckhaftigkeit jedes Menschen, keine substanziellen Festlegungen, sondern reflexive Prinzipien des Umgangs mit Erfahrungen, Erkenntnissen und Praxisvorstellungen. Und er enthält und begründet vor allem eine absolute Grenze für den Umgang mit Menschen, besonders im Hinblick auf die Versuchungen der Macht. Aufgeklärte Vernunft im kantischen Sinne ist nicht nur Ermächtigung zur Selbstgesetzgebung, sondern vor allem auch Verpflichtung zur Selbstbegrenzung. Die Rückbe-

sinnung auf diese Grundsätze und ihre vorurteilslose Anwendung ist die
eigentliche Aufklärung über die Aufklärung.

Im Lichte dieser generativen Ideen erscheint die Verbuchung der
Verirrungen der beiden säkularen Totalitarismen des zwanzigsten Jahrhunderts auf das Konto der Aufklärung als eine lockere Intellektuellen-
assoziation, die als Idee zwar aufregend und tiefsinnig wirkt, in der Sache selber aber ohne Fundament ist. Die linearen Projektionen der Idee
einer ununterbrochenen Perfektibilität des Menschen und einer rück-
sichtlosen Beherrschbarkeit der Natur waren zwar beide Gewächse auf
dem Boden, der von der Aufklärung bereitet wurde, aber doch selbst
nicht Frucht ihrer eigentlichen Prinzipien. Die Perfektibilitätsidee steht in
krassem Widerspruch zu *Kants* Realismus in anthropologischen Fragen,
der davon ausging, dass aus so krummem Holz, wie dem, aus dem der
Mensch gemacht ist, niemals etwas ganz Gerades entstehen könne. Und
die kartesianische Vorstellung der Natur als einer bloßen Ausdehnung,
die sich dem Zugriff des menschlichen Denkens und Handelns unbe-
grenzt unterwerfen lässt, ist eine Maxime, die sich auch aus dem biblischen Aufruf, die Menschen sollten sich die Erde nach getaner Schöpfung
nun untertan machen, ebenso gut hat ableiten lassen, und erst durch die
handfesten Widerstandserfahrungen mit dem, was die Natur wirklich ist,
gebrochen werden konnte. Diese Erkenntnisse und die Schlüsse, die aus
ihr zu ziehen sind, sind aber ihrerseits nichts Aufklärungswidriges, sondern in erster Linie ein Ergebnis komplexerer Naturwissenschaft und
vorbehaltloser Selbstreflexion, also eines Vorgangs der Aufklärung
selbst.

Es ist mithin die säkulare Vernunft selbst in ihren drei Dimensionen
der praktischen Selbstgesetzgebung, der öffentlichen Selbstorganisation
von Kritik und Reflexion sowie der erfahrungsgeleiteten Selbstprüfung
wissenschaftlicher Erkenntnisprozesse, die die Wunden heilt, welche ihre
instrumentelle Verkürzung, die nicht mit der generativen Idee der Aufklärung gleichgesetzt werden darf, in der postchristlichen Epoche ge-
schlagen hat. Die Prinzipien der Aufklärung sind besser als ihr Ruf. Die
säkulare Vernunft ist als Gesetzgeberin für menschliches Handeln, für
die Legitimation öffentlicher Ordnung und für die Organisation wissenschaftlicher Welterfahrung nicht entthront. Alle großen Herausforderer,

die sie nach den Katastrophen des zwanzigsten Jahrhunderts in ihre Schranken weisen wollten, haben sich im Ganzen gesehen zwar als notwendigen Impulsgeber für ihre radikalere Selbstreflexion erwiesen, aber keiner von ihnen als legitimer Erbe, der ihren Platz einnehmen könnte. Die generativen Ideen der Aufklärung und der demokratische Rechtsstaat, der ihre politischen Konsequenzen verkörpert, bleiben der unhintergehbare und unüberschreitbare Horizont legitim begründbarer öffentlicher Ordnung in der modernen Welt. Zu den Impulsgebern aufgeklärter Selbstkritik der säkularen Vernunft gehört auch ein christlicher Glaube, der sein Menschenbild heute im Lichte universeller Grundrechte für jede Person, unabhängig von ihren Glaubenüberzeugungen, definiert. Das ist aber ein Religionsverständnis, das seinerseits durch die generativen Ideen der Aufklärung geläutert und geklärt wurde, und keineswegs bloß die Aktualisierung einer substanziellen Anthropologie, die immer schon in der Geschichte der Religion in dieser Weise verstanden und gegen die Grenzüberschreitungen politischer Herrschaft in Stellung gebracht worden wäre.

Es war im übrigen wiederum Kant, der vor der Verwechslung von Emanzipation mit Erlösung warnte. Die ungesellige Geselligkeit des Menschen ist die unüberwindliche anthropologische Ursache dafür, dass mehr als ein Zustand des Rechts, in dem die Konflikte der Menschen untereinander gerecht und friedlich geregelt werden, auf Erden nicht erreicht werden kann und nicht erstrebt werden sollte. Die unhintergehbare Norm für dieses Regelwerk bleibt unbedingt, das heißt unter allen denkbaren Umständen, das kategorische Verbot der Herabwürdigung von Menschen zu Mitteln für die Zwecke anderer. Es ist mithin die säkulare Vernunft selbst, die eine absolute Grenze für den Umgang mit Menschen setzt, schon im privaten und gesellschaftlichen Umgang, erst Recht im Hinblick auf die Handlungsmacht des Staates. Das ist der Sinn und die Rechtfertigung des liberalen Rechtstaates. Es ist darum kein Zufall, dass beide totalitäre Herrschaftsideologien des zwanzigsten Jahrhunderts im politischen Liberalismus des demokratischen Rechtsstaates ihren Todfeind sahen, zumindest der Nationalsozialismus konnte sich, sofern man sich auf dieser Geschäftsgrundlage traf, mit der Religion gegebenen Falles auch arrangieren.

In den politischen Fragen, die sich im demokratischen Rechtsstaat
stellen, eingeschlossen die Menschen- und Grundrechte, kann die Religion nicht den Anspruch erheben, das Andere der säkularen Vernunft zu
sein, die ihr von außen her sichere und feste Grenzen setzt. Sie kann allenfalls, dort wo sie von deren Prinzipien substanziell durchdrungen ist,
sich einreihen in die Schar der aufgeklärten Humanisten, die sich der
dauernden Aufgabe der Sensibilisierung für diese Grenze verschrieben
haben. Und das wäre ja auch nicht wenig. Dabei bleibt, wie alle Erfahrung zeigt, die christliche Religion selbst immer gefährdet und zur Verletzung der humanen Grenze aller Politik unter gegeben Umständen mit
Enthusiasmus fähig.

II Grundlagen

4 Ein erfreuliches Talent zum Opportunismus

Der renommierte Religionshistoriker *Hartmut Lehmann* zieht für die Geschichte der politischen Affiliationen der zentralen christlichen Akteure im zwanzigsten Jahrhunderts ein aufschlussreiches Fazit: *„Die bemerkenswerte Persistenz christlicher Lebenswelten, von Kirchen und Konfessionen im zwanzigsten Jahrhundert wurde ergänzt, vielleicht sogar erst ermöglicht, durch deren große Anpassungsfähigkeit an politische Ideologien: an die verschiedenen Ausprägungen des Faschismus und Nationalsozialismus ebenso wie an viele Formen des Sozialismus. Die Vorstellung von den christlichen Kirchen als „Volkskirchen" besaß dabei eine ebenso wichtige wie ambivalente Bedeutung. Denn die Idee der Volkskirche ließ sich auf der einen Seite mit nationalen, mit ethischen und schließlich sogar auch mit biologischen und rassistischen Vorstellungen von einem Volk verbinden, und sie konnte andererseits auch mit sozialistischen Vorstellungen in Zusammenhang gebracht werden... Selbst in den skandinavischen Ländern, die im 20. Jahrhundert von der Herrschaft durch totalitäre politische Ideologien verschont blieben, gingen, wie Nicholas Hope nachweist, die Kirchen enge politische Verbindungen mit den jeweils dominierenden politischen Strömungen ein, so beispielsweise nicht nur mit dem jeweiligen Verständnis von Nationalkultur, sondern auch mit den politischen Gruppen, die den modernen Wohlfahrtstaat und die Demokratisierung vorantreiben wollten"*[19].

Das Christentum hat nicht nur in der ideologischen Treibhausatmosphäre des zwanzigsten Jahrhunderts, sondern in seiner ganzen zweitausendjährigen Geschichte neben der Fähigkeit, Märtyrer gegen illegitime Machtansprüche hervorzubringen, vor allem Eines eindrucksvoll vorgeführt – und die anderen Religionen sind im Begriff, es ihm hierin gleichzutun: Religionen sind unter anderem auch politische Opportunisten, die

---

[19] Lehmann 2001: 197-8

sich, wenn die Verhältnisse es gebieterisch genug verlangen, gründlich
an die herrschenden weltlichen Bedingungen anpassen können, im Zweifelsfalle nach der Paulinischen Devise, dass *alle* Obrigkeit letztlich von
Gott sei.

Die Geschichte aller Religionen und ihrer im letzten Drittel des
zwanzigsten Jahrhunderts zu Tage getretenen Fähigkeit zur Ausbildung
fundamentalistischer Lesarten belegen ihr „Talent zum Opportunismus"
und ihre nahezu unbegrenzte Plastizität in Fragen der politischen Anwendung[20]. Diese kann Widerstand gegen das Verlangen der Macht
ebenso hervorbringen wie deren dienstfertige Überhöhung zum Ausfluss
göttlichen Willens. Und sie tut beides in jeder Zeit nach den Maßstäben
dieser Zeit, gleichsam als historisch relativierte Transzendenz, nicht immer auf der Höhe ihrer Zeit, aber immer in ihrer Epoche. Mag die Erlö-
sungsbotschaft der christlichen Religion auch überzeitlich sein, von keiner Epoche bestimmt und begrenzt, ihre politischen Botschaften waren es
nie.

Im Hinblick auf die historischen Lernprozesse der Menschheit, wie
Hegel es formuliert hatte, im „Bewusstsein der Freiheit", kann diese fast
unbegrenzte Offenheit für Selbstrevision im Lichte neuer Erfahrungen
nur als ein großer Vorzug des Christentums verstanden werden. Eine
empirische Synopse des politischen Gebrauchs auch der anderen Religionen in der Gegenwart würde wie diejenige von *Hartmut Lehmann* für
das Christum zweifelsfrei belegen: alle großen religiösen Traditionen und
maßgeblichen Konfessionen werden in der Gegenwartswelt zur Begründung der divergentesten politischen Philosophien und der ihnen entsprechenden Politikmodelle herangezogen und lassen sich in diesem
Sinne jedenfalls als Ausgangspunkt für die jeweils zugehörigen Rechtfer-
tigungsstrategien nutzen. Das gilt für den religiös-politischen Fundamentalismus mit seiner Herrschaftsidee als einer Form des politischen Extre-
mismus, der die universellen Grundrechte im Namen von Glaubensge-
wissheiten negiert und den liberalen Rechtsstaat zu Gunsten eines theo-
kratischen Politikmodells beiseite schiebt. Es gilt für Formen autoritärer
Herrschaft, die rechtsstaatliche und demokratische Defekte liberal ver-

---

[20] Marty/Appleby 1991, 1993, 1995

fasster Staatlichkeit mit religiös gestützten Argumenten legitimieren und es gilt gleichermaßen für die beiden elementaren Varianten des liberalen Rechtsstaates, nämlich die libertäre und die soziale Demokratie, die sich an den universellen Grundrechten orientieren, aber aus ihnen für die Gestaltung von Wirtschaft, Staat und Gesellschaft höchst unterschiedliche Konsequenzen ziehen[21].

Die lange Geschichte der autoritären, und in den Begriffen der Gegenwart auch extremistische Staatsphilosophie und -praxis, die die Religionen alle absolviert haben, ist nicht zu Ende. Zu konstatieren ist vielmehr eine markante Ungleichzeitigkeit in den Differenzierungsmustern der Gegenwartsreligionen im Hinblick auf ihre politischen Affiliationen. Während in den liberalen Demokratien selbst der christliche *Mainstream* offenbar aus Überzeugung und mit nachhaltigen Argumenten den Anschluss an die Grundwerte des liberalen Rechtsstaates gefunden hat, zeigt der Islam viele Gesichter, je nach den Herrschaftsverhältnissen und den überlieferten politischen Kulturen der Länder, in denen er wirksam ist[22]. In Europa wird regelmäßig übersehen, dass er gerade in den beiden Ländern, in denen er zahlenmäßig die bedeutendste Rolle spielt, Indien und Indonesien, in seinem mit großem Abstand vorherrschenden *Mainstream* ebenfalls die politischen Grundwerte der liberalen Demokratie übernommen hat und gegen den fundamentalistischen Rest im eigenen Glaubensbereich entschieden verteidigt. Hinduismus und Buddhismus stehen in ihrem überwältigenden Hauptstrom in der Gegenwart gleichfalls im Dienste der liberalen Demokratie, kennen beide aber auch hartnäckige Varianten des Fundamentalismus, die sich ihr mit dem Einsatz von politischer Gewalt entgegenstellen[23].

Der historische Längsschnitt und der interreligiöse Querschnitt lassen wenig Zweifel: Im Hinblick auf die Grundwerte des liberalen Rechtsstaates sind die Religionen, einschließlich der christlichen, gerade nicht Orientierungssysteme, deren absoluter Bezugspunkt auch die sichere Grenzziehung gegen Übergriffe des Staates garantieren könnte. So weit

---

[21] Meyer 2005
[22] Heller/ Mosbahi 1998, Ende/Steinbach 1984
[23] Marty/Appleby 1991, 1993, 1995

sie Anwälte und Motivationsmacht der liberalen Demokratien der Gegenwart sind, sind sie es vielmehr erst als Folge von Zivilisationsprozessen geworden, in denen sie lernten, das, was für sie selbst ein Absolutes ist, im öffentlichen Raum nicht als solches in Anspruch zu nehmen. Soweit sie sich daher an der Sicherung dieser wichtigen Grenze beteiligen, tun sie dies nicht aus einem eigenem argumentativen oder traditionellem Recht heraus, das sie immer schon gegen widerstrebende politische Mächte ins Feld geführt hätten, sondern mit dem Recht der politischen Grundwerte der liberalen Demokratie selbst, die sie nicht in die Welt gebracht haben und gegen deren Missbrauch das, was ihnen selbst als ein Unbedingtes gilt, nicht unbedingt ein zuverlässiger Schutz ist. Sie, vielmehr wesentliche ihrer Teile, stellen sich aber nunmehr, soweit sie nach einer ganz anderen politischen Vorgeschichte seit kurzem zu diesen Überzeugungen gelangt sind, in den Dienst der Grenzziehung zwischen politischer Macht und unverfügbaren Menschenrechten. Diese Grenzziehung selbst muss ihren zwingenden Geltungsanspruch jedoch aus anderen Quellen beziehen, wenn er für alle Bürgerinnen und Bürger, unabhängig davon, ob und wie sie religiös gestimmt sind, unabweisbar sein soll.

Die Erinnerung daran und die Gegenwartsbeispiele dafür, dass in allen Religionen auch eine politischer Gebrauch ihres eigenen Absoluten nahe liegt, der diese Grenze gerade nicht respektiert, sind jedenfalls gegen diejenigen politisch-religiösen Akteure geltend zu machen, die den Anspruch erheben, dass allein die religiöse Überzeugung gegenüber der säkularen Vernunft die Grenze der absoluten Menschenwürde sicher zu ziehen und zu behaupten vermag. Gerade die unterschiedlichen Ausprägungen der politischen Traditionen christlicher Gemeinschaften in den USA und Europa illustrieren dieses Argument. Während die puritanischen Christen, die in den USA eine neue Nation begründeten, nachdem sie der staatlichen Verfolgung in ihren europäischen Herkunftsländern entronnen waren, bis vor kurzem eine prinzipielle Staatsskepsis zeigten, hat sich der europäische Absolutismus seine Argumente aus der christlichen Tradition selber geholt mit der Wirkung, dass auch nach dem Ende seiner eigenen Epoche ein religiös verbrämter Etatismus in vielen Ländern des alten Kontinents, allen voran Deutschland, seine freiheitsgefährdenden Wirkungen entfaltete.

Alles in allem, die moderne Lesart des Hauptstroms der christlichen Tradition, die die politischen Grundwerte der liberalen Demokratie für ihre Gläubigen zu einer Prinzipienfrage macht, ist ein großer Beitrag zur Sicherung ihrer Nachhaltigkeit. Daraus aber die Schlussfolgerung abzuleiten, sie allein sei deren Garant gegen die Anfechtungen der säkularen Vernunft, ist nicht nur geschichtslos, sondern auch vor dem Forum zeitgenössischer Erfahrung mit politischen Religionen eine Anmaßung.

Gegen Ende des zwanzigsten Jahrhunderts ist immer offenkundiger geworden, dass die Säkularisierungstheorie der populären Aufklärung im Wesentlichen zu kurz und in wichtigen Punkten daneben greift[24]. Von einem Verschwinden der Religion aus den Welten der persönlichen Lebensorientierung, des gesellschaftlichen Zusammenlebens und der politischen Öffentlichkeit kann nirgends auf der Welt die Rede sein, auch wenn ein Schwinden ihrer Bedeutung und ihres Einflusses mit wenigen Ausnahmen durchaus zu beobachten ist. Die aggressive Besetzung des öffentlichen Raums durch den religiös-politischen Fundamentalismus seit den neunzehnhundertsiebziger Jahren und das Scheitern der atheistischen Staatsreligion im Herrschaftsbereich des Sowjetkommunismus haben den Repräsentanten eines sich politisch verstehenden Christentums in den liberalen Demokratien des Westens unverhofft Auftrieb gegeben. Sie können nun mit einer gewissen Plausibilität über den Kreis ihrer eigentlichen Anhänger hinaus den Anspruch erheben, mit der Verstärkung ihrer öffentlichen Präsenz Gefahren für die rechtsstaatlichen Demokratien abzuwehren und zwar in jenem Bereich der Glaubensüberzeugungen, der vom politischen Tagesdiskurs eben nicht erreicht werden kann.

Nach der einen Seite, der der antihumanistischen Bilanz der atheistischen Staatsreligion, können sie geltend machen, dass nur die wirklichen Religionen den humanistischen Kern gegen staatliche Willkür zu sichern vermögen, da sie es doch waren, die in Ländern wie Polen und mit Gestalten wie Papst Johannes Paul II der Allgewalt des totalitären Staates

---

[24] Casanova 2000

entscheidenden geistigen und motivationalen Widerstand entgegenzusetzen vermochten. Nach der anderen Seite, dem Vorrücken der besonderer Nähe zum Fundamentalismus verdächtiger „Fremdreligionen", zumal eben dem Islam, in das Nervenzentrum der europäischen Demokratien, können sie plausibel machen, dass sie in der Tiefe ihrer Glaubensüberzeugungen und als wesentlicher Bestandteil der abendländisch-westlichen Tradition die sicherste Gewähr dafür bieten, dass der von der entleerenden Säkularisierung zurückgelassene öffentliche Raum nun nicht von problematischen „Fremdreligionen" besetzt wird, die mit der Wucht religiöser Hingabe die dünne Oberfläche liberaler Bürgergesinnung zerbrechen.

In diesem Sinne können die Repräsentanten des politischen Christentums bei ihrem nachhaltigen Vorrücken in den öffentlichen Raum des Glaubens sein, sie nähmen stellvertretend eine Art Mandat im Namen der liberalen Bürgergesellschaft als Ganzer wahr. Allein die religiös gestützte oder auf Religion bezogenen sozialen und kulturellen Initiativen in der Zivilgesellschaft könnten als ein hochwirksames Bollwerk gegen fundamentalistische Mobilisierungen sogar in Zeiten sozialer, ökonomischer und politischer Krisen wirksam bleiben. Ein solches Selbstbewusstsein ist in der Tat nicht aus der Luft gegriffen.

Die Geschichte der großen Religionen belegt, dass sie zwar mit ihren spezifischen Sinnpotentialen die kulturelle und soziale Entwicklung der Gesellschaften, auf die sie Einfluss haben, in erheblichem Maße und über lange Wegstrecken hinweg prägen können. Sie zeigt aber auch, dass sie in den Prozessen des gesellschaftlichen Wandels, vor allem unter den Bedingungen der Modernisierung, in ihrem sozialen und politischen Gehalt im höchsten Maße plastisch sind. Ihre unter dogmatischen Gesichtspunkten erstaunliche Wandlungsfähigkeit ist die Bedingung dafür, dass sie angesichts eines gesellschaftlichen Wandels, den sie nicht aufhalten können, zu überleben vermögen und in veränderten Zeiten ihren, wenn auch schwindenden, Einfluss fortgeltend wirksam werden lassen können.

Säkularisierung umfasst ja in modernen Gesellschaften drei unterscheidbare Dimensionen: das Schwinden der persönlichen Glaubensüberzeugungen, die Verdrängung der Religion aus den sich zunehmend

spezialisierenden gesellschaftlichen Teilsystemen und die Entsakralisie-
rung der Öffentlichkeit[25]. Nur diejenigen Varianten der in gegebener
Situation aktualisierten Überlieferung, die sich auf die erfolgten Änderungen mit Aussicht auf Erfolg beziehen können, behalten die Chance
der Einflussnahme und der Mitgestaltung. Der Wandel im hermeneutischen Prozess der Selbstauslegung, mitunter auch der tiefe Bruch, ist die
Bedingung für die fortgeltende Relevanz der religiösen Ansprüche in den
Bereichen, deren Funktionslogiken sie nicht mehr definieren und beherr-
schen können.

Die Religionen erweisen sich alle dazu fähig, diesen Prozess der
Selbstbehauptung durch Wandel zu vollziehen. Obgleich *Max Weber* den
gesellschaftsgestaltenden Einfluss der ursprünglichen religiösen Dogma-
tik bekanntlich erheblich überschätzte, fügte er seinen religionssoziologischen Thesen doch die Klausel hinzu, dass der soziale, wirtschaftliche
und politische Gehalt der jeweiligen Religion ausschlaggebenden davon
abhängt, welche soziale Schicht sie in welcher Epoche mit welchem gesellschaftliche Interesse interpretiert[26]. So wird, wie er beispielhaft zeigt,
etwa aus dem Konfuzianismus jeweils etwas ganz Anderes, je nachdem
ob es eine Klasse von Staatsbeamten, von Priestern und Gelehrten, oder
von Angehörigen eines aufstrebenden Mittelstandes ist, die ihn für die
Gesellschaft interpretiert. Mit Blick auf die heutige Situation in Ländern
wie Süd-Korea oder Japan ließe sich hinzufügen, dass aus der politischen
Vereinnahmung derselben „religiösen" Quellen das eine Mal die Legitimation autoritärer Herrschaft und das andere mal die individualistische
Revolte gegen sie abgeleitet werden kann[27].

Die historische Bilanz legt eine Deutung nahe, die nicht lediglich die
anderen Religionen, sondern zumal das Christentum selbst zu großer
Bescheidenheit in ihren öffentlichen Ansprüchen mahnt. Sie alle haben
sich, zumindest in gewichtigen Strömungen, im Wandel der Zeiten jeder
nur denkbaren Form politischer Herrschaft angeglichen und ihr mit Formeln für die Legitimation die Loyalität ihrer Gläubigen gesichert. Das

---

[25] Casanova 2000
[26] Weber 1978
[27] Rötz 1995 , Lee 2005

Besondere des Christentums, das nur von ihm und nicht von der politischen Herrschaft selbst ausgehen kann, scheint nicht ein besonderer, die Zeiten überdauernder Inhalt zu sein, den es der Verfassung des politischen Gemeinwesens gibt, sondern eine Haltung der Unbedingtheit, mit der es seine Anhänger hinter diejenigen politischen Inhalte zu versammeln vermag, die es jeweils adoptiert hat. Es könnte sein, dass der demokratische Rechtssaat, der sich in mühsamen Jahrhunderte langen Kämpfen gegen den christlichen Autoritarismus beider Konfessionen seine Legitimation erkämpfen musste, am Ende davon am meisten profitiert. Eine Garantie gegen seine fundamentalistische Relativierung oder gar Infragestellung ist das freilich, wie das Beispiel der USA so deutlich zeigt, gerade nicht. Alle Religionen, das Christentum nicht ausgenommen, können, wie Geschichte und Gegenwart so eindrucksvoll belegen, durchaus auch anders.

Die Zivilisierung des Absoluten, die das Bündnis des christlichen Hauptstroms in Europa mit dem demokratischen Rechtsstaat möglich gemacht hat, ist, wie die Zivilisation selbst, kein irreversibler Endzustand der Geschichte, sondern eine immer vom Scheitern bedrohte dauernde Aufgabe.

5   Die Zivilisierung des Absoluten

Die *Kultur der liberalen Demokratie*, für die Europa heute steht, ist im Kern eine Kultur des Umgangs mit Differenzen unter der Bedingung prinzipieller Erkenntnisungewissheit[28]. Diese Feststellung enthält eine bedeutende Konsequenz für die Schlüsselfragen nach dem Ursprung des Individualismus, der persönlichen Grundrechte und des politischen Pluralismus, also der politischen Substanz des Liberalismus. Solange nämlich in der christlichen Tradition der *essentienrealistische* Glaube vorherrschte, das Allgemeine in Natur, Staat und Sittlichkeit könne von den dazu Berufenen aus den Quellen des Offenbarungswissens mit Gewissheit erkannt und daher auch gegen das von seinen Normen abweichende Indi-

---

[28] Meyer 1989

viduum mit Autorität und notfalls auch Zwangsgewalt durchgesetzt werden, war weder im Denken, noch im öffentlichen Leben für den Eigensinn des Individuellen, die Grundrechte der einzelnen Person, den Pluralismus der Deutungen der Überlieferung und damit den Kern des politischen Liberalismus Raum[29].

Eine Ungewissheitskultur aber war die politische Kultur des christlichen Abendlandes, des „Westens", zu keinem Zeitpunkt. Die liberale Kultur der Moderne ist etwas Neues in der Geschichte der Menschheit, sie befindet sich in einer weiten, unüberbrückten Entfernung von ihrem Ausgangspunkt[30]. Sie beruht auf einer strikten Unterscheidung zwischen Glauben und Wissen und gibt das Wissen der individuellen und der herrschaftsfreien Konsensbildung frei. Sie ist in dem Augenblick unausweichlich geworden, als die christliche Identität des Abendlandes, die auf der im Essentienrealismus der Epoche wurzelnden Vorstellung vollkommener Erkenntnisgewissheit beruht hatte, in der Reformation des sechzehnten Jahrhunderts und den nachfolgenden christlichen Konfessionskriegen des siebzehnten Jahrhunderts öffentlich wirksam zerbrach und der seither herrschenden Selbstentzweiung der christlichen Tradition weichen musste.

Die dieser Entwicklung zugrunde liegende tiefere Ursache war die nominalistische Revolution in der Erkenntnistheorie und Metaphysik der christlichen Theologie seit dem elften und zwölften Jahrhundert. Sie hatte in den Schriften der gelehrten Mönche *Wilhelm von Ockham* und *Johannes Duns Scotus* dem in seinem christlichen Selbstverständnis vorläufig noch einigen Europa vor Augen geführt, dass nicht das Allgemeine das Erste der dem Menschen möglichen Erkenntnis sein kann, sondern nur das Einzelne und Besondere. Während bis dahin die Einheit von Glauben und Wissen gerade umgekehrt die Auffassung genährt hatte, das Allgemeine, das Wesen der Dinge in der Schöpfung insgesamt und der menschlichen Gesellschaft im Besonderen selbst sei das Erste, das Individuelle aber nur ein Zweites, nämlich die kontingente Variation der vorab existierenden und erkannten Substanz des Ganzen, demonstrierte die

---

[29] Nink 1948, Haag 1967,1971
[30] Schnädelbach 2004

nominalistische Revolution, dass alle menschliche Erkenntnis immer nur
vom Einzelnen ausgehen kann und alle Begriffe vom Allgemeinen Men-
schenwerk sind, ein *flatus vocis*. Real und gewiss ist nur das einzeln Sei-
ende, die Verbindung der vielen Einzelnen miteinander hingegen durch
allgemeine Begriffe ist eine bloße Konstruktion des menschlichen Ver-
standes, die prinzipiell ungewiss bleiben muss und allein dem profanen
Urteil unterliegt. Dies war die epochemachende Folge der Unterscheidung von Glaube und Wissen, die die christlichen Nominalisten bei ihrem islamischen Gelehrtenkollegen *Ibn Ruschd* gelernt, aber dann selbst
an ihr konsequentes Ende weiter geführt hatten. Erst mit diesem Er-
kenntnisschritt war der moderne Individualismus als Denkfigur überhaupt möglich geworden. *Wilhelm von Ockham* war darum zugleich auch
der Begründer der Tradition, die legitime politische Herrschaft auf einen
Vertrag zwischen autonomen Individuen zurückführt.

Solange hingegen aus dem Grundsatz der Einheit von Glaube und
Wissen die Vorstellung gefolgt war, die vom Glauben geleitete Erkenntnis könne das Allgemeine, das die Schöpfung und die menschliche Gesellschaft zusammen hält, mit unanzweifelbarer Gewissheit erkennen,
war weder für Individualismus noch für legitime Differenz und schon
gar nicht für Liberalität in Dingen der Erkenntnis, des richtigen Lebens
und der gesellschaftlichen Ordnung im christlichen Denken Platz. Das
Abendland war keine Stätte des Pluralismus, der individuellen Rechte
und der Liberalität, im Gegenteil.

Erst als der Nominalismus dargelegt hatte, dass für jede Erkenntnis
und jeden Geltungsanspruch, die nicht schon im Dienst eines Glaubens
stehen, als Mägde der Theologie, wie es zuvor geheißen hatte, nur das
Einzelne Ausgangspunkt sein kann, war auch ein Individualismus, für
den der einzelne Mensch Vorrang vor den Zumutungen des Allgemeinen
beanspruchen kann, als ontologische Grundlage moderner Kultur überhaupt denkmöglich. Die christliche Ethik war, wie es in moderner Sprache mit Bezug auf außereuropäische religiöse Traditionen gern formuliert
wird, in dieser Hinsicht eine eher gemeinschaftsbezogene Lehre. Das
Individuum war schon seinem Begriffe nach und erst Recht als soziales
Wesen eingebettet in ein Allgemeines, das nicht von seiner Zustimmung
und noch nicht einmal von seiner Erkenntnisleistung abhing. Daran hat

die theologische Erlösungslehre, nach der sich jede individuelle Seele für sich allein am Ende aller Tage vor dem Richterthron des Ewigen rechtfertigen muss, nichts geändert. Erlösung ist darüber hinaus in jeder Religion ein individuelles Programm.

Das war die kulturelle und politische Geschäftsgrundlage der christlichen Kultur des Westens von ihren Ursprüngen bei *Augustinus* bis zu ihrem Scheitelpunkt bei *Thomas von Aquin*. Die Kultur der Moderne ist schon aus diesem Grunde im Gegensatz zu einer weit verbreiteten und immer neu bekräftigten Ansicht nicht identisch mit der traditionellen *Kultur des Westens*, die in dieser Epoche ihren Ausdruck fand, sondern aus dieser erst sehr spät, nämlich im siebzehnten und achtzehnten Jahrhundert in einem tief greifenden Transformationsprozess hervorgegangen, der gerade in allen wesentlichen kulturellen, sozialen und politischen Denk- und Handlungsbedingungen einen tiefen Bruch mit den „westlichen" Traditionen darstellt.

Im Hinblick auf die politische Kultur war dieser Bruch ohne Zweifel tiefer und radikaler als alle Kontinuitätslinien, die sich im Nachhinein über den Graben hinweg, den die Aufklärung aufgerissen hat, ziehen lassen. Die Kultur der Moderne, wie sie sich dann im neunzehnten und zwanzigsten Jahrhundert in Europa vollendete, unterscheidet sich von der traditionellen europäischen *Kultur des Westens* in ihrem wesentlichen Anspruch, ihrer Metaphysik, ihrer sozialen Ontologie, ihren gesellschaftlichen Legitimationsgrundlagen sowie ihren politischen Grundwerten und Institutionen prinzipiell.

Der Philosoph *Herbert Schnädelbach* hat drauf hingewiesen, dass die Philosophie des politischen Liberalismus und ihre Grundwerte in der christlichen Tradition nur in einem Sinne ihren U*rsprung* sehen können, für den vor allem der *Sprung,* die weite diskontinuierliche Entfernung vom Ausgangspunkt charakteristisch ist[31]. Aufklärung und politischer Liberalismus sind der christlichen Tradition entsprungen, in einem großen und weiten Satz. Kein Zweifel, der Boden, von dem dieser Sprung seinen Anfang nahm, hat ihn in gewisser Weise erst möglich gemacht, aber eben nicht im Sinne der bloßen Entfaltung eines geistigen Erbes,

---

31 Schnädelbach 2004

sondern durch die radikale Auseinandersetzung mit dessen zentralen
Botschaften. Die Kultur der Moderne ist im Gegensatz zur abendlän-
disch-christlichen eine Form des Umgangs mit deren nun unvermeidbar
pluraler Hinterlassenschaft als Folge ihrer Selbstentzweiung. Denn keiner
der Antagonisten dieser auseinander gefallenen kulturellen Überlieferung konnte ja weiterhin den öffentlichen Anspruch unanfechtbarer Erkenntnisgewissheit im Namen aller und für alle geltend machen. Damit
war das Allgemeine, in Wissenschaft und öffentlichen Belangen, für plu-
rale Deutungen prinzipiell offen. Eine erneute Schließung mit geistiger
Überzeugungskraft war keiner Macht mehr möglich. Der Schritt vom
christlichen Abendland zur Kultur der Moderne ist daher ein Paradig-
menwechsel vom Vorrang der Einheit zum Faktum unversöhnter Vielheit, von der Wahrheit des Allgemeinen zur Wahrheit des Individuellen.
Die Kultur des Abendlandes basierte auf dem Gedanken der Begründung des Vielfältigen aus sicherer Einheit, die Moderne beruht umgekehrt auf der Vorstellung der Begründung von unsicherer Einheit aus
realer Vielheit. Tiefer kann ein kultureller Bruch kaum sein. Die Grundlagen gesellschaftlicher Legitimität wurden vom Kopf auf die Füße gestellt

In diesem prinzipiellen Unterschied *zu* ihr und nicht *in* ihrer westlichen Vorgeschichte gründet der universelle Anspruch, der sich mit den
grundlegenden Normen der modernen Kultur verbindet, denn der Erfahrung der unvermeidlichen inneren Differenzierung kann sich, wie der
Fortgang der Geschichte überall auf der Welt gezeigt hat, keine der Religionen entziehen. Die *Kultur des Westens* hatte sich schon seit dem 8. und
9. Jahrhundert in Europa entfaltet.[32] Sie erwuchs aus dem Boden der an-
tiken Klassik und der christlichen Religion und bildete in frühen Ansät-
zen besondere gesellschaftliche, kulturelle und politische Institutionen
aus, die ihre Eigenart prägten. Zu ihnen gehörten ein gewisses Maß an
Rechtlichkeit, Trennung von geistlicher und weltlicher Macht, Vielfalt
gesellschaftlicher Gruppen, die Ausbildung politisch-gesellschaftlicher
Repräsentativorgane und eine in der christlichen Religion selbst angeleg-
te Vorform des Individualismus. Diese Bausteine fügten sich freilich bis

---

[32] Roberts 1986

zum Durchbruch der modernen Kultur im gesamten Mittelalter zu einem rigiden gesellschaftlich-kulturell-politischen System, in dem die absoluten Gewissheitsansprüche der Religion allen Einzelnen und Gruppen, der Gesellschaft und dem Staat, dem Wirtschaftsleben und der Kultur ihre Rolle, ihre Spielräume und einen gemeinsamen verbindlichen Endzweck zumaßen, der sie im großen Vergleich strukturell den anderen Kulturen der damaligen Welt ähnlicher erscheinen lässt als der Kultur der Moderne, die nach vielen Jahrhunderten allmählich aus ihr hervorgegangen ist.

Das sechzehnte und das siebzehnte Jahrhundert waren angefüllt mit tiefen kulturellen Identitätskrisen bis hin zu lang währenden, die Existenz ganzer Länder bedrohenden Religionskriegen – und zwar innerhalb der Grenzen der angestammten eigenen kulturellen Identität. Das achtzehnte, das neunzehnte und noch der Beginn des zwanzigsten Jahrhunderts waren bestimmt durch politische Revolutionen. Und erst am Ende dieser Periode der kulturellen, sozialen und politischen Identitätskrisen, die alle Gesellschaften der alten westlichen Tradition im Mark erschütterten und ausweglos demonstrierten, dass die überlieferte Kultur am Ende ihrer Möglichkeiten angelangt war, setzte sich die Kultur der Moderne durch als der einzige Weg, mit den vielfältigen Unterschieden noch produktiv und überlebensfähig umzugehen, die sich im Schoße der kulturellen Tradition des Westens allmählich herausgebildet hatten[33].

Die Kultur der Moderne war der Ausweg aus der kulturellen Sackgasse des christlichen Abendlandes. Die großen christlichen Denominationen konnten um der Sicherung ihrer eigene Geltung willen nicht umhin, nach langen Kämpfen und Krämpfen, diesen Weg mitzugehen. Einige von ihnen sind in späterer Zeit sogar zu seinen Vorreitern geworden.

Die Reaktion auf das Zerbrechen der Jahrhunderte lang geglaubten absoluten Gewissheiten des „Westens" und nicht die Elemente der „westlichen" Tradition, über die sie hinausgegangen ist, und schon gar nicht der so genannte „westliche Lebensstil" eines verselbständigten Konsumismus, der sich heute keineswegs allein im Westen ausbreitet, ist der generative Kern der Kultur der Moderne. Sie hebt die besonderen kulturellen Identitäten nicht auf, sondern schafft den Spielraum, in dem

---

[33] Habermas 1985

sie sich miteinander entfalten können. Sie macht Individualismus erst
möglich und Grundrechte zwingend. Diese Kultur ist reflexiv, denn sie
besinnt sich auf die Legitimität prinzipieller Unterschiede in der Fort-
schreibung überlieferter Deutungen gesellschaftlicher Ordnung, privater
Lebensweisen und persönlicher Glaubensüberzeugungen, wenn einheit-
liche Antworten auf diese Lebensfragen sich nicht länger zwanglos ergeben. Sie ist eine Rahmenkultur für unterschiedliche Lebensweisen und
Weltsichten, aber nicht selbst eine besondere Lebensweise. Im Maße, wie
daher in den Kulturen der Welt Differenzen die Aktualisierung der Überlieferung bestimmen, gewinnen die Normen der modernen Kultur auch
für sie an Bedeutung. Das und nicht der christliche Ursprung dieser
Enzwicklung, die am Ende in der kulturellen Sackgasse eines Jahrhunderts von Religionskriegen endete, ist die Grundlage ihres universalistischen Potentials in der modernen Epoche.

Die Kultur der Moderne, die Europa heute prägt, ist daher nicht die
säkulare Emanation einer Religion, sondern das Zerfallsprodukt der Auflösung ihrer Einheit. Das ist auch einer der wesentlichen Gründe, warum
die das politische Europa verbindende Kultur eine politische sein muss
und nicht eine kulturelle Lebensweise sein kann. Das ist auch das zwin-
gende Argument dafür, warum die Europäische Union als ein rechtstaat-
lich-demokratisches Gemeinwesen nicht auf die christliche Tradition
gegründet werden und in der Anrufung Gottes ihre Weihe erfahren
kann.

Das moderne Europa ist erst möglich geworden, als es sich in nahezu allen die Konstitution des politischen Gemeinwesens betreffenden
Fragen von dem in einem gründlichen revolutionären Bruch abgewandt
hatte, was bis dahin als christliches Verständnis der öffentlichen Belange
in Geltung war. In der Art, wie die Aufklärung und der auf sie gestützte
politische Liberalismus diesen Bruch mit einer weit mehr als ein Jahrtau-
send umspannenden Tradition vollzog, war von der „westlichen Tradition" christlichen Weltverständnisses im Hinblick auf die Grundsätze einer liberalen politischen Verfassung nicht viel mehr enthalten als die
gemeinsame Bruchstelle selbst.

Die in der Aufklärung gegen alle herrschende Tradition neu begründete Vernunft der Regelung öffentlicher Verhältnisse brachte eine Kultur

der Moderne hervor, die sich in gleicher Weise gegen den Obskurantismus in öffentlichen Dingen wendet, auf welche Traditionen er sich auch immer begründen mag[34]. Sie ist als Kritik an partikulären Herrschaftsansprüchen einer speziellen Glaubensüberlieferung über das Gemeinwesen als Ganzes daher universalistisch. Dieser Universalismus ist nicht derselbe, der in den Weltregionen begegnet, sondern der Gegensatz zu ihm. Er will nicht den *eigenen* Glauben universell machen, sondern Bedingungen schaffen, die *jedem* Glauben Raum lassen, ohne irgend einem die Herrschaft über das öffentliche Leben und die Freiheit der Menschen einzuräumen. Dieses Programm stand in Indien so gut auf der Tagesordnung wie in Europa und anderswo auf der Welt, als es darum ging, dass sich eine Mehrzahl widerstreitender religiöser Traditionen im öffentlichen Raum miteinander vertragen müssen.

Es waren im soeben nach langen Kämpfen selbständig gewordenen Indien Teile der politische Klasse, die plausibel machten, dass das auch nach der Abspaltung Pakistans hochgradig religiös und kulturell vielgestaltige Land nur unter der Bedingung würde zusammenhalten können, dass alle Religionen, die es beherbergte, einschließlich des Islam, die Demokratie und die säkulare Republik unterstützten. Es werden im Iran der Gegenwart, sobald die Zwangsherrschaft der Mullahs gebrochen werden kann, mit ziemlicher Sicherheit die kulturellen Eliten sein, die jetzt schon aussprechen, dass nach den Jahren der Zwangssäkularisierung in der Schahdiktatur und dem religiös verbrämten politischen Fundamentalismus der Mullahherrschaft nur eine rechtlich gesicherte Demokratie dem Religionsverständnis aller und ihrem Anspruch auf Selbstbestimmung gerecht werden kann.

Zwischen der Überlieferung und den sozialen und politischen Deutungsmöglichkeiten jeder der Religionen besteht ein weiter Variationsraum, dessen Grenzen in keiner von ihnen festliegen. Das hat die Geschichte ihrer Entfaltung eindrucksvoll gezeigt. Im Kalvinismus hatte in gesellschaftlicher Hinsicht nichts mehr von dem Bestand, was christliches Denken bis dahin charakterisiert hatte, und dennoch konnte er seine Revolution in dem Bewusstsein vollziehen, nichts anderes als die richtige

[34] Habermas 1985

Auslegung der Überlieferung zu sein. Der kulturelle Liberalismus, der alle Religionen seit dem neunzehnten Jahrhundert infiziert hat, die anderen ein wenig später als das Christentum in Europa, ist nicht das eigentliche Wesen des Christentums, sondern seiner radikalen Kritik durch die Aufklärung, als die Zwänge und Verbote die von ihm ausgingen, nur noch als unerträgliche Fesseln des Fortschritts erschienen. Das ereignete sich in Europa aus gesellschaftlichen und politischen Gründen früher als anderswo, aber schließlich, mit unterschiedlicher Tiefen- und Breitenwirkung, überall.

Die Gleichsetzung des Westens mit der Moderne ist ungeachtet dessen außerhalb und innerhalb Europas üblich. Sie beruht aber dort, wo sie nicht von Interessen geleitet ist, auf einem von der Geografie nahe gelegten Missverständnis. Sie glättet eine Geschichte der tiefen Brüche und der revolutionären Umkehr von Jahrhunderte alten Traditionen zu einem teleologischen Entfaltungsprozess, dessen erste Äußerungen nichts anderes gewesen sein können, als der Samen der Früchte, die in der Gegenwart nun gereift sind. Dieser falsche Aristotelismus hat keinen Raum für das, was die allgemeine menschliche Geschichte so gut wie die Kulturgeschichte in entscheidender Weise aber gerade bestimmt: Offenheit, Kontingenz und Brüche – und eben leider auch Wiederholungen der Tragödie.

All das heißt freilich noch lange nicht, dass die moderne Kultur des fairen Umgangs mit Unterschieden nun automatisch überall auf der Welt Geltung erlangen müsste, wo der Zwang zur Regelung entfalteter kultureller und religiöser Differenzen das nahe legt. Aber sie wird in ihren grundlegenden Normen und Verfahren überall zu einem Schlüsselthema auf der politischen Tagesordnung, weil sich neben den Impulsen zur Leugnung legitimer Unterschiede oder ihrer Unterdrückung überall auch die Anwälte ihrer fairen Regulierung zu Wort melden.

Jürgen Habermas hat in seinem gemeinsam mit Jacques *Derrida* unterzeichneten programmatischen Europa-Artikel am 31. Mai 2003 einen zugleich anspruchsvollen und vorsichtigen Versuch gemacht, das Verhältnis von kultureller Tradition und politischer Identität in Europa auf einen unverfänglichen Begriff zu bringen. Obgleich es dieser Sicht zufolge in letzter Instanz der Voluntarismus ist, der allein zu politischer Einheitsbildung führen kann und damit aller erst die Bedingungen der Herausbildung politischer Identität schafft, muss dieser Wille doch – als kulturelle Bedingung seiner Möglichkeit – in weit reichendem Maße *auf bestehende Dispositionen treffen*[35]. Habermas nennt, als diejenige Erbschaft europäischer Identität, die auf ein modernes Politikverständnis zutreibt, das rechtsstaatliche Demokratie als Form politischer Einheitsbildung begünstigt, eine Reihe kultureller Faktoren aus der europäischen Geschichte, die in ihrem Zusammenhang eine einmalige Konstellation umschreiben, eben das, worin Europa nur mit sich selbst identisch sei.

Dazu gehören: Christentum und Kapitalismus, Naturwissenschaft und Technik, romanisches Recht und Code Napoleon, die bürgerlich-urbane Lebensform, Demokratie und Menschenrechte, die Säkularisierung von Staat und Gesellschaft. Freilich mischen sich im Habermas' Liste ohne Kausalhypothesen und ohne Rangfolge diejenigen Faktoren, die traditionell der christlichen Überlieferung des Abendlandes zugeschrieben werden und jene, die erst in der Moderne in Bruch mit ihr zutage getreten sind, kulturelle, ökonomische und politische, auf lockere Weise. Das Zusammenspiel dieser Faktoren, die einander bedingten und stärkten, seien in dieser Konstellation Kennzeichen allein der europäische Kultur und ihrer Geschichte. Das ist allenfalls eine Antwort auf die Frage nach der *Genesis* einer kulturellen Konstellation. Auf die Frage nach der *Gegenwartsgeltung* der genannten Faktoren gibt Habermas keine andere als die nahe liegende Antwort, dass nichts Wesentliches von alledem heute noch als ein Proprium des europäischen Kontinents gelten könnte. Alles findet sich nun auch anderswo, auf anderen Kontinenten, in anderen Kulturen und Traditionen, wenn auch nicht in derselben Mischung, denn das Christentum, beispielsweise, ist andernorts oft viel dünner gesät.

Dasselbe gilt, so ist hinzuzufügen, auch für den „geistigen Habitus", der die Geschichte Europas vorangetrieben hat, eine eigentümliche Verbindung von Individualismus, Rationalismus und Aktivismus, die *Richard Münch* in ihren verschiedenen europäischen Akzentuierungen ein-

---

[35] Frankfurter Allgemeine Zeitung, 31.5.2003 (Nr. 125: S. 33)

prägsam beschrieben hat[36]. Das alles sind Elemente einer Kulturgeschichte, in der in Widersprüchen und Sprüngen, Rissen und bleibenden Ge-
gensätzen zutage getreten ist, was im Rückblick als ein notwendiger Prozess der stringenten Selbstentfaltung klarer Ideen gedeutet wird. In der
Gegenwart umfassen alle großen Kulturen auch relevante, zumeist zügig
wachsende Milieus, die von demselben Habitus geprägt sind, weil ohne
ihn die Modernisierung ihrer Gesellschaften undenkbar wäre.

Wie im Falle der *Weber*'schen protestantischen Ethik, ließe sich im
Falle auch der von Habermas aufgelisteten kulturellen Faktoren demnach
allenfalls sagen, dass einige von ihnen zu den Voraussetzungen dafür
gehören, dass schließlich, nach der Aufklärung, Rechtsstaat und Demokratie entstanden sind, die die politische Signatur Europas und darauf
gestützt Nordamerikas in historisch zunächst einzigartiger Weise bestimmt haben. Die Erfahrungen aber, die zu ihrer unangefochtenen Gegenwartsgeltung in Europa führten, und damit die Gründe, auf die sie
sich stützt, sind keiner der Kulturen und Regionen der Welt heute fremd.

Es hat sich ja gezeigt, dass auch, ähnliche historische Erfahrungen
und die allgegenwärtigen Kontakte der Zivilisationen untereinander
vorausgesetzt, ganz andere kulturelle Traditionen dem Rechtsstaat und
der Demokratie in ausreichendem Maße entgegenkommen konnten, um
sie über viele Jahrzehnte hinweg in unbezweifelbarer Weise lebensfähig
zu machen. Indien, von Hinduismus und Islam, Japan von Buddhismus
und Schintoismus geprägt, die beide wenig mit den europäischen Traditionen verbindet, können als Beispiel dafür dienen, mit einigen, durchaus
nicht widerlegenden Einschränkungen auch die Türkei, eines der Kern-
länder des Islam.

Die *Kultur* der Moderne ist also eine politische Kultur. Sie besteht im
Kern aus einem Gefüge von Normen, Werten, Orientierungen und Pro-
zeduren, die den zivilisierten Umgang mit Unterschieden erlauben. Nach
dem Zerbrechen der vormodernen Einheit von Glauben und Wissen,
Religion und Leben, Autorität und Gefolgschaft ist die Allgegenwart der
Differenz, der *unterschiedlichen und unterscheidenden Sicht des Gleichen* zum
kennzeichnenden Merkmal des kulturellen, gesellschaftlichen und politi-

---

[36] Münch 1996

schen Lebens geworden. Mittlerweile dient sie in den entwickelten pluralistischen Demokratien selber als ein Rahmen, in dem sich unterschiedliche kulturelle Wert- und Orientierungssysteme sowie Lebensweisen
entwickeln und behaupten, so dass kaum irgendwo auf der Welt noch
Kulturen als homogene, kristallförmige Gebilde existieren, in denen nach
dem Muster der *Herderschen* Kugeltheorie alle Individuen gleichgerichtet
und gleich fest eingeschlossen sind und in ihrem Denken und Handeln
gleichsinnig determiniert[37].

Es ist ein Glücksfall für Europa, dass sich der *Mainstream* beider
christlicher Konfessionen auf nicht vorhersehbare Weise allmählich zum
machtvollen Unterstützungsmilieu für Menschenechte und Demokratie
gewandelt hat. Es ist ihm gelungen, in einem langen, mühsamen und bis
heute von Widersprüchen nicht freien Prozess der Selbstzivilisierung
nicht nur Anschluss an den von der Aufklärung initiierten Prozess der
Durchsetzung von Grundrechten, liberaler Machtbegrenzung und An-
bindung politischer Herrschaft an den öffentlichen Vernunftgebrauch zu
gewinnen, sondern sich zu einem seiner hauptsächlichen Sachwalter zu
machen. Die Substanz dieser Art moderner Zivilität hat die christliche
Glaubenskultur allerdings nicht in das zivile Gemeinwesen hineingetragen, sondern von diesem Zug um Zug übernommen. Ist sie dadurch zu
einem unverlierbaren Besitz geworden?

6   Die unbewältigte Dialektik

Zivil im liberaldemokratischen Sinne ist die christliche Religion also in
keiner ihrer Varianten von Hause aus. Aber sie hatte, wie *Jürgen Habermas* es beschreibt, in ihrem europäischen Hauptstrom als Reaktion auf
die Aufklärung, die ihren Absolutismus widerlegte, die Kraft zu einer
dreifachen Selbstreflexion: *Das religiöse Bewusstsein musste erstens die kognitiv dissonante Begegnung mit anderen Konfessionen und anderen Religionen
verarbeiten. Es musste sich zweitens auf die Autorität von Wissenschaften ein-
stellen, die das gesellschaftliche Monopol an Weltwissen innehaben. Schließlich*

---

[37] Welsch 1994

muss es sich auf die Prämissen des Verfassungsstaates einlassen, die sich aus einer profanen Moral begründen. Ohne diesen Reflexionsschub entfalten die Monotheismen in rücksichtslos modernisierten Gesellschaften ein destruktives Potential[38].

Demgegenüber hat der britische Ideengeschichtler *Larry Siedentop* in seinem einflussreichen Plädoyer für *Demokratie in Europa* im Einklang mit einer populären Deutung der Idee des Abendlandes die alte These erneuert, „das Christentum" selber sei schon in seinen Anfängen die ethische Revolution gewesen, die mit der Begründung eines ontologischen Individualismus zugleich auch den Liberalismus ins Lebens gerufen habe. Es verkörpere mithin die „ursprüngliche Verfassung Europas"[39]. Es seien die Gedanken der ethischen Gleichwertigkeit, der Orientierung des Glaubens an der individuellen Gewissensorientierung und des universellen Geltungsanspruchs, die diese Einzigartigkeit des Christentums und seine substanzielle Liberalität verbürgten. Sofern Liberalität aber vor allem anderen bestimme, was die Identität Europas sei, könnte die politische Identität des Kontinents allein von einer Revitalisierung seiner christlichen Grundlagen erwartet werden. Dieses Mahnung verbindet der Autor mit einer Warnung vor den Irrwegen des Multikulturalismus und den politischen Potentialen des Islam in Europa. Das Christentum sei die privilegierte Grundlage für Menschenrechte, Liberalität und Demokratie und seine Vitalität die beste Garantie für ihre Geltung.

Siedentops gefeiertes Plädoyer für eine christliche Renaissance in Europa als beste Gewähr für dessen liberale kulturelle Identität liest sich, als sei die Geschichte des christlichen Abendlandes nicht anderes als der Prozess der konsequenten Selbstentfaltung von sozialem Individualismus, schrittweise Ausweitung der Menschenrechte und zielstrebiger Realisierung politischer Demokratie gewesen. Offenkundig auf ganzer Front das Gegenteil von dem, was wir tatsächlich über diese Geschichte wissen. Diese ideologische Konstruktion a posteriori, die in die ungewissen Anfänge das Ende der Geschichte als determiniertes Programm hineinlesen möchte, verzerrt nicht nur die Kultur- und Realgeschichte Eu-

---

[38] Habermas 2001: 14
[39] Siedentop 2000

ropas, sie verkennt auch in folgenreicher Weise Entwicklung und Potential der nicht-christlichen Religionen und Kulturen.

Der nächstliegende Einwand ist schon der, dass es nicht überzeugen kann, wenn einerseits das Christentum als religiöse Lehre schon selbst als Tiefenverfassung des Liberalismus hingestellt wird, dessen *orthodoxe* Variante aber, die ebenfalls ganz auf dieser Lehre beruht, als Hort des Anti-Individualismus auch geistiger Quell des östlichen Anti-Europa sein soll. Im Übrigen gibt es, entgegen einer oft wiederholten Auffassung auch andere universalistische Heilslehren, die auf individualistischen Prämissen beruhen. Das gilt zum Beispiel für den Buddhismus, demzufolge der heilsbringende Akt der Selbstverlöschung nur als individuelle Leistung möglich ist und dem, was in dieser Hinsicht wichtiger ist, kollektive Vorgaben jeder Art ebenso wie Gesetzesglaube gänzlich fremd sind. Auch in Islam und Judentum zählt am Ende der Tage für die Erlangung des persönlichen Heils nur das individuelle Verhalten, auch hinsichtlich der Art, wie die Gesetze verstanden und eingehalten worden. Sogar der Konfuzianismus, der Paradefall einer in Europa des ontologischen Kollektivismus verdächtigen Heilslehre, macht, wie neuere Studien gezeigt haben, das individuelle Gewissen zur letzten Instanz bei der Bewertung ethischer Geltungsansprüche[40].

Das Europa der Gegenwart kann nicht, eben sowenig wie die Geschichten der anderen Weltregionen, als ein bloßes Stadium im organischen Selbstentfaltungsprozess eines genetischen codes gelesen werden, den wir nun allerdings, um die organizistische Analogie der allzu leichten Anfechtbarkeit zu entziehen, mit dem Begriff des „Mems" belegen, im Übrigen aber das genetische Schema beibehalten. Auf diese Weise ist nichts anderes zu gewinnen als ein hermetischer Kulturalismus, der als als eine Art Biologismus in kulturellen Begriffen verstanden werden kann. Als hätte die „Schöpfung" am Anfang aller Dinge jeder kulturellen Region ihr eigens Memprogramm zugeteilt, das sie in der Folgezeit wie ein Uhrwerk bloß abgespult hat.

Habermas' Beschreibung der zivilisierenden Leistung der dreifachen Selbstreflexion der christlichen Tradition schließt mit einer nachdenkli-

---

40 Roetz 1995, Lee 2003

chen Erinnerung: „Das Wort „Reflexionsschub" legt freilich die falsche
Vorstellung eines einseitig vollzogenen und abgeschlossenen Prozesses
nahe. Tatsächlich findet diese reflexive Arbeit bei jedem neu aufbrechen-
den Konflikt auf den Umschlagplätzen der demokratischen Öffentlichkeit eine Fortsetzung"[41]. Das zumindest ist die kontingente Voraussetzung dafür, dass der erreichte Zustand der Zivilisierung des Absoluten
dauerhaft und zuverlässig wirksam bleibt. Er ist kein Erbe, sondern eine
täglich neue Herausforderung.

---

[41] Habermas 2001

III Das Neue

7 Ironie des Glaubens?

Zwar könnte man in Anlehnung an Kierkegaard den Begriff der Ironie durchaus in einem konzeptionellen Sinne auf den christlichen Gottesbegriff beziehen, sofern die mit ihm bezeichnete Wesenheit sich prinzipiell nur im Medium des Anderen zeigt, Glaube und Ironie hingegen scheinen einander gänzlich auszuschließen. Es bleibt zu bedenken, dass die *kognitiv dissonante Begegnung mit anderen Religionen und Konfessionen* unter den Bedingungen der modernen Kultur das Ende der naiven Glaubengewissheit bedeutet. Der Glaubensakt wird unvermeidlich reflexiv und kann sich in einer Vielfalt unterschiedlicher Formen vollziehen. *Zynisch*, im vollendeten Gegensatz zur Ironie, ist das Verhältnis derjenigen zur Religion, die selbst nicht glauben können oder wollen, aber andere glauben lassen möchten. Der alte Verdacht der Priesterbetrugslehre war nie eine Erklärung des Glaubens, aber er trifft, paradox genug, die Haltung nicht weniger Führer des politisch-religiösen Fundamentalismus der Gegenwart [42], die den Glauben der Eigenen gegen die Rechte Dritter und die Grundlagen eines toleranten Gemeinwesens politisch kalkuliert in Stellung bringen, häufig ohne ihn in dieser Form selbst zu teilen. Ein zynisches Verhältnis zum Glauben der Anderen aber charakterisiert die politische instrumentalisierte Religion schon als solche. Diese Art von Zynismus ist das Gegenteil jener von *Peter Sloterdijk* als Signum der Spätaufklärung beschriebenen Einstellung, wonach den aufgeklärten Wahrheiten zwar keine Argumente mehr entgegengesetzt werden können, aber doch die argumentationsresistenten Impulse des Körpers im Handeln dementieren, was der Kopf nicht widerlegen kann [43].

---

[42] Meyer 1989 b , 2002
[43] Sloterdijk 1983

Wenn auch nicht in der ungeschmälerten Bedeutung des Begriffs, aber doch in einem gewissen Sinne *ironisch* könnte dem gegenüber in Anlehnung an *Richard Rorty* ein Verhältnis zum Glauben genannt werden, das zwar immer wieder zum ihm hinfindet, aber von dem begleitenden Bewusstsein nicht loskommt, dabei eine anfechtbare Wahl zwischen möglichen Alternativen zu treffen[44]. Glauben in der modernen Welt glaubt häufig gegen den steten Zweifel an, weil ohne die Brüche und Zweifel der Selbstreflexion, ohne ein aufgeklärtes Bewusstsein über den Glauben gar nicht mehr überzeugt geglaubt werden kann[45].

Da wir fast alle den ersten Glauben in unserer Kindheit lernten, bleiben der Zauber und das große Versprechen des frühen Glaubens oft mächtiger im Gemüt, als alles Wissen und Erkennen, die ja letztlich auch nie dem Zweifel enthoben werden können. Vielleicht ist es auch bei manchen aufgeklärten Gläubigen im Glauben so, wie es *Arthur Schnitzler* zufolge in der Liebe ist: sie kann der Erkenntnis nicht entrinnen, dass sie eigentlich so, wie sie es meint, nicht wahr sein kann, erliegt aber doch der Bereitschaft, der Illusion zu vertrauen, das Unmögliche müsse doch möglich sein.

Ironisch im *Rorty'* schen Sinne glaubt in modernen Zeiten, wer weiß, dass sein ganzer Glaube auch falsch sein könnte, also wer wirklich glaubt und nicht ungebrochen im traditionalistischen Modus zu wissen meint. Denn trotz aller Anläufe und stets subtileren Reflexionen, die in der Geschichte des christlichen Denkens seit Augustinus entfaltet worden sind, um die Aporie von Glauben und Wissen aufzulösen, lässt sich der Widerspruch zwischen beiden weder aufheben noch trivialisieren. Wissen beschreibt einen Erkenntniszustand, der ohne besondere moralische oder metaphysische Verdienste und darum auch kein Heilsweg ist. Während im Wissen das Risiko des Irrtums, und sei es auf Widerruf, überwunden scheint, bezieht religiöser Glaube in modernen Zeiten seinen besonderen Verdienstanspruch im Gegensatz dazu aus einer Entscheidung, die gegen das fortbestehende Bewusstsein des Risikos in einem Akt des persönlichen Vertrauens zum Grund des Glaubens getroffen wird. Wären Glaube

---

[44] Rorty 1992: 127 ff
[45] Pannenberg 1986

und Wissen in dieser Hinsicht dasselbe, wäre der Glaube kein Verdienst. Ein Verdienst kann er nur sein, weil er gegen untilgbare Zweifel und hohes Risiko dennoch gewagt wird.

Das *credo quia absurdum* bezog sich in der Spätantike nicht auf die Fragwürdigkeit der Möglichkeit der Existenz eines Gottes, sondern darauf, dass ein Gott-König durch Menschenhand den Kreuzestod gestorben sein sollte. Was es für Glauben in modernen Zeiten, nach dem Verlust der ursprünglichen metaphysischen Gewissheit, bedeutet, haben Leben und Schriften *Sören Kierkegaards* im existentiellen Experiment zugleich vor Augen geführt und umfassend exploriert. Sie lassen auch erkennen, in welchem Sinne gelebter und wahrhaftiger Glaube dennoch die Haltung der Ironie zumindest streift. Zwar behält Kierkegaard die Kategorie der Ironie der Haltung des *Sokrates* vor, der sich an einer epochalen Zeitwende im einem negativen *Zwischen* aufhält, in dem die Unwahrheit des Vergangenen schon sichtbar, eine positive Gegengestalt des Zukünftigen aber noch unsichtbar ist, so dass er sich die „Tarnkappe" des Unwissenden aufsetzen muss, um sein in Wahrheit schon gelebtes ethisches Wissen der Welt überhaupt vermitteln zu können[46]. In dieser Form der Ironie nimmt das Wissen der ethischen Tugend die Form des Unwissens an, um ansteckend zu wirken.

Der Christ Kierkegaard hingegen tarnt sich unter dem Pseudonym *Climacus* als Nicht-Christ, um die Zweifelnden durch seine Argumente zu jenem Sprung heranreifen zu lassen, der allein aus dem Reich des Wissens in die Wahrheit des Glaubens führt[47]. Die Haltung, die dem angemessen ist, sei im Unterschied zur Ironie, die das Sokratische Grenzgebiet zwischen Ästhetischem und Ethischem regiert, der Humor, der im Grenzgebiet zwischen Ethischem und Religiösem vermittelt. Und doch sind letztlich beide Glaubensverhältnisse Formen der Ironie in dem Sinne, dass sie das Absolute in absolut unangemessener Form zum Ausdruck bringen, die Wahrheit nur im Medium ihres Gegenteils, und zugleich von der Unaufhebbarkeit dieses Gegensatzes wissen. Die Entscheidung zum Übertritt aus der einen Sphäre in die andere bleibt immer

---

[46] Pieper 2000: 25 ff
[47] Kierkegaard 1922, Bände 6/ 7, Pieper 2000: 97 ff

die Sache des Einzelnen, der das Wissen um den Sprung nicht abstreifen kann und ebenso wenig die Gewissheit, dass sich in dem, was ihn zum Sprung veranlasst, in Wahrheit nicht das zeigen kann, was sein letzter Grund ist.

Ein funktionalistisches Religionsverständnis, das gelegentlich aus der beschreibenden Perspektive der Religionssoziologie in die Motivationssphäre des Glaubens übertritt, kann zwischen Zynismus in Glaubensfragen und Ironie vielfach changieren[48]. Es soll geglaubt werden, weil sonst etwas Notwendiges fehlte, sei es für den Zusammenhalt der Gesellschaft, das mentale Wohl der Person, den Sinn ihres Lebens oder die Geltungskraft ethischer Normen. Im Regelfalle erscheint der *religiöse Funktionalismus* als eine ironisch gewordene Art des Glaubens in postmodernen Zeiten. Er glaubt nicht in erster Linie, weil die offenbar gewordene Wahrheit es zwingend gebietet, sondern weil in der Funktionspalette eines menschlichen Lebens oder gesellschaftlichen Zusammenlebens ein entscheidendes Bindeglied fehlen würde ohne Glauben. Er glaubt sozusagen vom anthropologischen oder sozialen Ergebnis her und nicht aus dem Wahrheitsgrund, der doch der unverwechselbare Anspruch aller Religionen ist.

Seit *Friedrich Schleiermacher* wird in der theologischen Diskussion, zumal des Protestantismus, bei dem diese Versuchung am nächsten liegt, die Warnung vor einer funktionalistischen Religionsbetrachtung in immer neuen Anläufen wiederholt. Zuletzt ist sie von *Rolf Schieder* im Rahmen seines Plädoyers für eine selbstbewusste Zivilreligion noch einmal eindringlich erneuert worden. Wie immer der eigentliche Kern des Religiösen gefasst werden mag, und dafür ist ja in der Theologiegeschichte des zwanzigsten Jahrhunderts eine erstaunenswerte Vielfalt divergenter Modelle entfaltet worden, ihre Reduktion auf eine anderweitig definierte Nutzenfunktion jedenfalls löst ihren authentischen Wahrheitsanspruch auf. Religion im eigentlichen Sinne hat es im Gegensatz zu allen Nutzenerwägungen im Kern unvermeidlich mit einem absoluten Wahrheitsanspruch zu tun, wie immer dieser gefasst und begründet sein mag. Religion, die nicht sekundär auch noch in verschiedener Hinsicht nützlich ist,

---

[48] Lübbe 1979

sondern sich aus der Entscheidung für solch eine Nützlichkeit überhaupt erst konstituiert, kann gerade das, was nur Religion leisten könnte, nicht bewirken, nämlich eine Gewissheit schaffen, die unbedingt Orientierung gibt und Erlösung verheißt.

Die Versuchung, den Geltungsanspruch der Religion nach dem Scheitern der realistischen Gewissheits-Metaphysik von ihrem moralischen, sozialen, psychologischen oder mentalen Nutzen her zu legitimieren, ist seit Kants Einhegung moderner Religion in die Grenzen der bloßen Vernunft nicht mehr abgerissen. In Deutschland ist eine ganze Gattung von religionssoziologischen Studien mit theologischen Ambitionen entstanden, die sich dieser Aufgabe in immer neuen Anläufen widmet. Fast allen dieser Studien eignet eine beträchtliche Überzeugungskraft, da die nach modernen Maßstäben zivilisierter Religion der Gegenwart offenkundig zur Orientierung der Individuen, zur Motivation moralischer Handlungsneigung und zum sozialen Zusammenhalt Entscheidendes beizutragen hat und wegen ihrer Alleinstellung als soziale Milieumacht womöglich sogar eine der letzten Integrationsreserven moderner Gesellschaften darstellt. Das funktionalistische Argument ist aus diesem Grunde auch die Brücke für eine breite Akzeptanz der Religion über ihre eigene Anhängerschaft hinaus, jedenfalls im Bereich der Sozialwissenschaften.

Der religiöse Funktionalismus kann zwar seiner Natur nach nicht die Rolle eines Wahrheitsersatzes übernehmen, aber er tritt als eine Art empirischer Beweisführung für Religion und Religiosität auf[49]. Immerhin eine ehrbare zweitbeste Lösung. Paradoxerweise läuft aber selbst der *Schleiermacher*'sche Appell, Religion nicht um ihrer Nutzenfunktion willen, sondern wegen ihres Wahrheitsanspruchs anzunehmen, auf nichts anderes hinaus als einen Funktionalismus zweiter Ordnung. Sie kann ja mit diesem Appell den verlangten Wahrheitsbeweis gerade nicht selbst erbringen. Indem sie nun aber das Argument begründet, dass Religion in ihrer unersetzbaren Wirkung für das Verhältnis der Person zur Welt sich nur denjenigen erschließt, die sie um ihrer selbst willen annehmen, nennt Schleiermacher paradoxerweise nichts anderes als wiederum eine Nut-

---

[49] Luhmann 2000

zenfunktion als letzte Begründung. Ähnlich dem performativen Widerspruch in der Aufforderung „sei spontan", die durch die Aufforderung selbst und den Gehorsam für sie sich selbst widerlegt, ergeht es der Empfehlung, Religion nicht um eines Nutzen willens zu haben, weil sie sonst in ihrem Kernbereich der persönlichen Heilsstiftung nichts nützt. In postmodernen Zeiten wird vorstellbar, dass manch einer zu seinem *credo quia absurdum* durch funktionalistische Argumente motiviert wird, angesichts der Alternative, im anderen Falle desorientiert und ungetröstet in der eigenen Verzweiflung zu verharren.

Die Zeit der rationalen Gottesbeweise war im Spätmittelalter erst in dem Augenblick gekommen, als die metaphysische Naturwüchsigkeit der Gottesgewissheit mit dem Aufkommen des Nominalismus im elften und zwölften Jahrhundert zu zerfallen begann. Gegen die großen Gottesbeweise, angefangen vom ontologischen Beweis der rationalen Undenkbarkeit der gegeben Welt ohne Voraussetzung einer absoluten ersten Ursache, bis hin zum Versuch des *Anselmus von Canterbury*, die Existenz Gottes aus den Gesetzen der Semantik zu begründen, dienten alle dem Versuch, die verloren gehende unmittelbare metaphysische Gewissheit auf rationalem Wege neu zu stiften. Kant, der daran zweifelte, ob die Vernunft jemals aus eigenen Kräften im Stande sein würde, ein vernünftig begründetes Handeln der Menschen zuverlässig zu motivieren, wusste, dass er an die Stelle der Gottesbeweise, denen seine Transzendental-Philosophie die Voraussetzungen endgültig und unwiderruflich entzogen hatte, etwas neues setzen musste, das dennoch die Rolle der widerlegten alten Glaubensbeweise übernehmen könnte. Das war die Aufgabe seiner *Postulate der praktischen Vernunft*.

Sie sind trotz der subtilen Klauseln, auf die Kant sie stützte, im Kern eine Art funktionalistischer Beweisführung für die Gültigkeit von Religion, zwar nicht mehr auf der Ebene der Begründung der Inhalte, für die die Vernunft allein nun zuständig ist, aber doch im Hinblick auf die Motive der Einlösung ihrer ethischen Imperative im praktischen Handeln, für die der Kraft der Vernunft allein nicht zu trauen ist. Wo rationale Argumente zur Begründung religiösen Glaubens in der modernen Kultur gefragt und gesucht sind, ist Kants Beispiel maßgebend geblieben, auch wenn der Funktionalismus in der Folge der Bloßlegung seiner eigenen

Widersprüche von *Friedrich Schleiermacher* auf eine zweite Stufe gehoben wird. Auf dieser geht es dann nicht mehr um den Sekundärnutzen der Religion für Moralität, Sozialität und gesellschaftlichen Zusammenhang, sondern um den primären Heilsnutzen für die glaubende Person selbst. Dieses Motiv schwingt noch in *Kardinal Ratzingers* Versuch einer religionszentrierten Synthese von Vernunft und Glauben mit. Sie reduziert sich in ihrem Anspruch ja nicht auf die Befestigung der Grenze für jeglichen politischen Gestaltungsanspruch gegenüber den absoluten Rechten der Person. Sie möchte auch erreichen, dass die guten Gründe für eine Universalisierung des Christentums und seiner Ethik überall auf der Welt, und zwar auch dort, wo immer noch die anderen Religionen herrschen, Überzeugungskraft gewinnen. Sie soll dem Universalismusanspruch des katholischen Glaubens geistige Geltung verschaffen. So wie die realistische Ontologie des Mittelalters den natürlichen Universalismus des katholischen Glaubens aus der *analogia entis*, der vom Verstand erkennbaren Ähnlichkeit Gottes und der Menschen ableiten wollte, so möchte Ratzinger unter den Bedingungen der modernen Kultur das Argument begründen, dass es doch vernünftig wäre, wenn die christliche Religion die Erde umspannte, da sie allein über das Potenzial dazu verfügt und eine universelle Ethik tragen könnte, die alle eint. Wahr sei sie ja ohnehin. Auch dieser Universalismus erweist sich als eine Variante des funktionalistischen Arguments zweiter Stufe, jedoch eine, die im Gegensatz zur Begründung der kantischen Tradition nicht universell überzeugen wird, weil sie von der Motivations- auf die Geltungsebene übergreifen will.

Es gibt in religiösen Angelegenheiten auch einen verbreiteten Alltagsfunktionalismus. Er war in manchen Spontanäußerungen Jugendlicher aus Anlass der öffentlichen Anteilnahme am Sterben des letzten Papstes mit Händen zu greifen. In der lockeren Begründung, „etwas Religion könne ja nicht schaden", gibt sich zwar auch das ehrwürdige Motiv der *Pascal'* schen Wette zu erkennen. Man kann ja nie wissen, und wenn es stimmt, steht doch unendlich viel auf dem Spiel, also ist es besser, die Tür zu Glauben ein wenig offen zu halten, auch wenn man gar nicht ganz vollends überzeugt ist. Wo ringsum doch so viele glauben und den meisten in Kindheitstagen der Glaube als Wahrheit selbstverständlich erschien, ist die Pascal'sche Wette ein beinahe rationales Nutzenkalkül. Sie ist freilich nicht als *theologia naturalis* misszuverstehen, denn sie hängt gänzlich von den kulturellen Kontexten ab, die einen bestimmten Glauben nicht als gänzlich unwahrscheinlich erscheinen lassen. Die Wette wird ja hierzulande gewiss nicht auf *Buddha* oder *Vishnu*, sondern auf den lokalen Gott der hiesigen Dominanzreligion geschlossen.

Es äußerst sich aber in ihr tatsächlich auch etwas von einer *theologia naturalis*, sofern es die unstillbare Sehnsucht nach Geborgenheit, Sinn, Orientierung und Gewissheit ist, die diesen Griff nach Religion motivieren. Es ist eine Art Alltagsfunktionalismus, der nicht aus der primären Wahrheitserfahrung, sondern sekundär aus der Bedarfsempfindung heraus seine Entscheidungen trifft. Es könnte wahr sein, denn man braucht es, zwar nicht immer und jederzeit und auch nicht in aller Konsequenz und im ganzen Ernst, aber doch immer einmal wieder und dann auch wirklich. Daran ist nichts verwerflich und es wäre billig, den kognitiven Annahmen solchen Denkens mit Widerlegungsversuchen zu Leibe zu rücken. Um falsche Schlüsse und glatte Vereinnahmungen zu vermeiden, sollten vor der Widersprüchlichkeit solch alltagsfunktionalistischen Glaubens nach Bedarf die Augen dennoch nicht verschlossen werden. Denn die Menschen, die so glauben, teilen noch lange nicht die Dogmen der Kirchen und die Vielzahl der lebenspraktischen und ethischen Schlüsse, die diese in öffentlichen Angelegenheiten daraus ziehen. Aus solchen Einstellungen folgt kein Mandat für die politischen Interventionen organisierter Religionen im öffentlichen Raum, dass zeigte sich in aller Klarheit an der Bekundung einer jungen Deutschen im Interview, die in den Tagen des Papststerbens feststellte, dass sie den Kirchenfürsten großartig und bewundernswert findet, aber seine ethischen Gebote zur Abtreibung und Verhütung verwerflich.

Es gibt sie also, die unerkannten und die anerkannten Ironien des Glaubens. Ein wenig mehr anerkannte Ironie im Glaubens, so scheint es, könnte die paradoxe Dominanz der Religion im öffentlichen Raum rechtsstaatlicher Demokratien, in denen gläubige Mehrheiten tatsächlich nicht mehr in Sicht sind, in jenen Grenzen halten, die für das Gemeinwesen und moderne Religion gleichermaßen bekömmlich sind. Denn die Anderen könnten womöglich Recht haben.

8 Die Persistenz der Religion

Der vulgäraufklärerische Glaube, es gehe allmählich zu Ende mit dem Glauben, ist offenbar gescheitert. Die linearen Säkularisierungstheorien sind durch die tatsächliche Entwicklung und ihre Erklärung widerlegt. Von einem Verschwinden der Religion im Maße des Voranschreitens der gesellschaftlichen Modernisierung kann nirgends auf der Welt die Rede sein. Die amerikanischen Sozialwissenschaftler *Pippa Norris* und *Ronald Inglehart* haben jedoch in jüngster Zeit auf der Basis weltweit erhobener differenzierter Daten zur aktiven Religionsausübung eine alte These der Aufklärung mit neuem Leben erfüllt[50]. Danach ist religiöse Bindung keine anthropologische Konstante, sondern das variable Ergebnis sozial erfahrener Lebensunsicherheit. Zur Begründung haben die Autoren weltweit empirische Daten erhoben, die die Wechselbeziehungen zwischen Graden der sozialen und wirtschaftlichen Lebensunsicherheit in unterschiedlichen Ländern auf der einen Seite und Graden der Verbreitung religiöser Lebensführung in den selben Ländern zum Ausdruck bringen. Die daraus hervorgehende globale Landkarte praktizierter religiöser Gläubigkeit weist ein signifikantes Muster auf. Dort wo die im Alltagsleben erfahrene soziale Unsicherheit messbar gering ist, ist auch der Verbreitung des Religionsglaubens schwach, und dort, wo diese stark ist, ist jene groß.

Dieses Forschungsergebnis, der Ansatz ebenso wie die Resultate im Einzelnen, sind neu und werfen ein Licht auf die bisher weitgehend im Dunkeln gebliebenen sozialökonomischen Komponenten aktiven Religionsglaubens. Die These ist vor allem aus zwei Gründen besonders aufschlussreich. Der eine ist, dass sie nicht schlicht nach Wechselwirkungen zwischen wirtschaftlichem Wohlstand und Religiosität sucht, dann wäre sie auch an offenkundigen Gegenbeispielen, voran dem der USA rasch und gründlich gescheitert. Sie setzt tiefer an, aber eben doch nicht jenseits der kontingenten Umstände sozialer Lebenserfahrung. Und sie leistet einen plausiblen Beitrag zur Lösung des amerikanisches Puzzles, nämlich des anscheinend paradoxen Sachverhalts, dass im paradigmatischen

---

[50] Norris/Inglehart 2004

Wohlstandsland zugleich ein weltweit beispielloses Maß an Frömmigkeit herrscht, das zudem noch, nach allem, was wir gegenwärtig beobachten können, in Umfang und Radikalität weiter voran schreitet. Die USA erweisen sich nämlich in der genaueren sozialwissenschaftlichen Betrachtung auch im Hinblick auf die Art ihres Wohlstands als ein exzeptioneller Fall. Zwar weisen dort Bruttosozialprodukt und Pro-Kopf-Einkommen der Bevölkerung weltweit Spitzenwerte auf, aber die soziale Unsicherheit ist aufgrund fehlender sozialstaatlicher Grundrechte und Sicherungsstrukturen sehr hoch, und zwar bis weit hinein in die Mittelschichten.

Hinzu kommt im Ausnahmeland USA eine weitere Besonderheit, die religionsfördernd wirken dürfte. Das weit überdurchschnittliche Maß an innergesellschaftlicher Mobilität, die Gewohnheit und Bereitschaft der Amerikaner aus unterschiedlichen Gründen, vor allem auch solchen, die auf den Arbeitsplatz bezogen sind, den Wohnort zu wechseln und an fremdem Ort in sozialer Hinsicht immer wieder von vorne zu beginnen, bringt eine sehr große Zahl von ihnen immer neu in die Situation von Migranten im eigenen Land, die an einem fremden, unbekannten Ort am ehesten im Anschluss an eigenethnische und eigenkonfessionelle Gemeinschaften Bestätigung, Anerkennung und Sicherheit finden[51].

Soweit die These von *Norris/Inglehart* tatsächlich den Kern der Sache trifft, würde sie mit einer interessanten Qualifikation die umstrittene Modernisierungstheorie der Säkularisierung stützen. Säkularisierung ist dann eine Folge der Modernisierung, wenn diese nicht in den verunsichernden Formen libertärer Demokratisierung verläuft, sondern die europäische Form einer sozialen Demokratie annimmt, die soziale Bürgerrechte und soziale Sicherheit als Grundlage der politischen Modernisierung ansieht. Damit wäre auch der entscheidende Schritt zur Beantwortung einer anderen religionssoziologischen Streitfrage getan, bei der es darum geht, ob die im Weltmaßstab einzigartige Säkularisierung Europas eher als eine Ausnahme, womöglich temporärer Natur zu betrachten ist, oder doch dem Rest der Welt den Spiegel seiner eigenen Zukunft vor Augen hält.

---

[51] Lehmann 2005

Die Antwort auf diese Frage ist dann durch eine Variable bedingt, die bislang am Rande der Betrachtungen blieb, nämlich dem erreichten Maß oder Zuverlässigkeit sozialer Sicherung in den betrachteten oder verglichenen Gesellschaften. In sofern dürfte Europa, eben weil es ein global beispielloses Maß sozialer Sicherung institutionalisiert hat, nicht die Ausnahme des Säkularisierungsprozesses sein. Aber eben auch nicht automatisch das Zukunftsbild der übrigen Welt, soweit sie in der Wohlstandsproduktion aufholt. Es kommt vielmehr darauf an, welche Wahl die Gesellschaften zwischen den beiden weltweit konkurrierenden Typen der libertären Demokratie mit ihren eingebauten Unsicherheiten und der sozialen Demokratie mit ihrem Grundpfeiler der sozialen Bürgerschaft treffen.

Dabei geht es, wie das europäische Beispiel ja ebenfalls lehrt, nicht um die Substitution von Religion durch soziale Sicherung, sondern um die begrenzte Reduzierung ihrer sozialen Bedeutung. Sie bleibt wichtig und einflussreich und offensichtlich auch unter der Bedingung glaubhafter sozialer Sicherung humaner Lebensverhältnisse eine erstrangige Kraft im Leben vieler Menschen und der Gesellschaft als Ganzer.

Plausibel ist auf der Basis der verfügbaren weltweiten Daten auch eine weitere Annahme, die dieselbe Frage von einer anderen Seite beleuchtet. Die politische Kulturforschung kennt die Kategorie einer Mentalität der *Unsicherheitsvermeidung* als kennzeichnendes Unterscheidungsmerkmal unterschiedlicher Länderprofile[52]. Die Toleranz gegenüber erfahrenen Unsicherheiten ist in den verschiedenen Gesellschaften hochgradig unterschiedlich ausgeprägt. Obgleich die Ursachen dieses auffälligen und folgenreichen Sachverhalts kaum erforscht sind, legt die Betrachtung der einzelnen Länderprofile doch die Annahme nahe, dass die Orientierung der Unsicherheitsvermeidung im Maße wächst, wie gesellschaftliche Unsicherheitserfahrungen real quantitativ und qualitativ gemacht werden. Hohe Werte in dieser Kategorie korrelieren, wie zu erwarten ist, auffällig mit der Anfälligkeit für religiös-politischen Fundamentalismus in den betroffenen Gesellschaften.

---

[52] Hofstede 1994, Meyer 2002

Nachhaltige oder im Zeitintervall verschärfte soziale Unsicherheiten können folglich die Transformation zunehmender Teile traditionalistischer Glaubensmilieus in den fundamentalistischen Aggregatszustand religiöser Lebenspraxis begünstigen. Die libertäre Modernisierungsvariante könnte daher am Ende zu einer Art Fundamentalismusfalle werden, nämlich dann, wenn sie mit dem Angebot wachsenden Wohlstands auch immer wieder die Verunsicherung, ihn erreichen oder halten zu können in großen Teilen der Gesellschaft und im Weltmaßstab reproduziert und damit ein Gefühl sozial-existentieller Verunsicherung, aus dem die Sehnsucht nach unanfechtbaren Sicherheiten erwächst, die nur der religiöse Fundamentalismus befriedigen kann.

Nicht das Verschwinden der Religion, sondern ihre fundmentalistische Zuspitzung sind mithin in einer Welt zu erwarten, die das alte Fortschrittsprojekt des Strebens nach sozialer Sicherheit für alle durch den Primat der voranschreitenden Ökonomisierung ersetzt, wie ihn das Modell der libertären Demokratie gebietet. Da die mentale Verunsicherung durch die Ungewissheiten, die die metaphysische Heimatlosigkeit der Moderne für so viele bedingt, und die persönliche Unsicherheit, ob Krankheiten und Schicksalsschläge uns treffen, ohnedies in der Welt bleiben werden, werden auch die Religionen für die menschliche Sicherheit, ohne die wir nicht leben können, ein gesuchter Zufluchtsort bleiben. Wo aber alles unsicher wird und Hoffnung nicht begründet werden kann, wächst die fundamentalistische Verführung[53].

9   Religion als Theater

Zu den Ironien der Resakralisierung des öffentlichen Raums gehört es, dass ausgerechnet das Fernsehen und seine theatralen Unterhaltungsinszenierungen, die von der Kulturkritik schon seit ihren Anfängen als eine Methode der hedonistischen Austreibung des Geistes aus dem Bewusstsein des Massenpublikum gegeißelt worden sind, sich nun als Königswege für die Rückgewinnung der öffentlicher Dominanz christlicher

---

[53] Meyer 1989

Religion erweisen. Sie waren durch ihre das Alltagsleben ordnenden, sinnprägenden und es zugleich hyperreal steigernden Rituale, die fast alle Funktionen übernehmen können, für die einst allein die Religionen im Leben der Menschen zuständig waren, schon selbst in den soziologischen Rang von Religionserben erhoben worden. Und nun werden sie zu Bühnen, auf denen die Papstkirche seit *Johannes Paul II* mit atemberaubender Anpassungsfähigkeit ihre grandiosen Inszenierungen aufführt und in denen die evangelikalen Telekirchen der USA ein Medium der Massenerweckung entdeckt haben, das ihre Wirkungen auch auf Menschen, die ursprünglich kaum an der spirituellen Botschaft interessiert sind, auf unverhoffte Weise potenziert. Die Erlebniswelten des *theatralen entertainment* und der *geistigen Weihestunde* verschmelzen in den avanciertesten sakralen Fernsehinszenierungen, steigern sich in ihrer hybriden Verbindung wechselseitig und erreichen und begeistern ein historisch beispiellos anwachsendes Massenpublikum. *Religiotainment* wird zum Wegbereiter der Resakralisierung des öffentlichen Raums. Der weltweite Triumphzug der medialen Amerikanisierung lässt erwarten, das im Großen und Ganzen, wenn auch in länderspezifischen Varianten, andere Kirchen und religiöse Gemeinschaften, durchaus auch hierzulande, in absehbarer Frist dem päpstlichen Beispiel und den Inszenierungs-Künsten der Teleevangelisten folgen werden, um die Gelegenheiten, die ihnen das Fernsehen zur unterhaltsamen Selbstdarstellung bietet, im Interesse ihres Glaubens zu nutzen[54].

Historisch gesehen schließt sich damit auf verblüffende Weise ein großer Kreis. Die Bilderwelt des katholischen Mittelalters galt der protestantischen Reformation ja in ihrer Epoche als Sakrileg. *Martin Luther* hatte das Ende der visuellen Kultur des metaphysischen Zeitalters, in dem dem Volk nicht durch das Hören der lateinischen Texte, sondern durch das Sehen der gemalten biblischen Botschaften die göttliche Ordnung vor Augen geführt werden konnte, mit dem Diktum besiegelt: *Und ist Christi Reich ein Hör-Reich, nicht ein Seh-Reich.* Der Denker der Moderne, der unter dem Eindruck zugleich des unaufhaltsamen Universalismus ihrer Kultur und der Massenwirkung des Films schon in den zwanziger Jahren

---

[54] Plasser/Plasser 2002

unseres Jahrhunderts die *Revisualisierung der Kommunikations-Kultur* als Zukunftsverheißung verkündete und begründete, war der ungarische Künstler, Intellektuelle und Filmwissenschaftler *Bela Balazs*[55]. In ihm fand der Film als Sendbote der visuellen Kultur der Moderne seinen ersten großen Theoretiker und den ersten visionären Deuter von *Visualität als neuer Form der Wahrheit*. Er proklamierte, dass im anbrechenden Zeitalter der bewegten Bilder ohne die falschen Vermittlungen durch Sprache mit ihren hartgesottenen Konventionen und ideologischen Mustern und ohne ihre Umwege über Texte, die letztlich doch nicht für alle zu erreichen sein werden, eine neue universelle Kommunikationskultur beginne.

Die Unmittelbarkeit der Bilder, die ohne Ausnahme alle direkt erreichen, kenne keinerlei Grenzen und begründe zum ersten Mal in der Geschichte eine herrschaftsfreie universale Kommunikationskultur. Die visuelle Kommunikation der „sich gebärdenden Körper" sei mithin nicht nur das Medium unentfremdeter Selbsterfahrung des Einzelnen, sondern endlich gelingende menschliche *Kommunikation*: „die visuelle Korrespondenz der unmittelbar verkörperten Seele".[56] Das klingt, als wollte er das gemeinschaftliche Fernseherlebnis einer teleevangelikalen Massen-Inszenierung nach amerikanischer Art auf den Begriff bringen.

Das Fernsehen hat in unseren Tagen das von Balazs antizipierte Werk auf seine eigene Weise vollendet. Die Vision einer neuen *Kultur der Visualität* ist unter dem Einfluss von Fernsehen und Werbekommunikation im Begriff, sich in der Gegenwartsgesellschaft zu erfüllen, freilich in einer Weise, die äußerlich betrachtet alles in den Schatten stellt, was der Begründer der Filmtheorie für möglich gehalten hätte. Unsere Kultur ist auf dem Weg zu einer visuellen Kultur in genau dem Sinne zu werden, den Balazs im Auge hatte und sie ist es genau infolge des Mechanismus, den er beschrieben hat, wenn auch die geistigen Wirkungen ganz andere sein dürften, als er sie sich erhoffte. Wer sich in dieser visuellen Kommunikationskultur behaupten kann, behält oder steigert seine öffentlichen Wirkungschance, wer seine Botschaften nicht in ihre Sprache zu übersetzen vermag, gerät an den äußersten Rand des öffentlichen Geschehen.

---

[55] Balazs 1982
[56] Balazs 1982

Das gilt vor allem für die argumentierende Vernunft. Sie gibt kein gutes Bild und ist auch selten sonderlich unterhaltsam.

Die visuellen Medien sind in die Lebenswelten eingedrungen und prägen sie von innen her. Sie werden selber zum wichtigsten Teil der Primärerfahrung für viele Menschen und zu einem Interpretationsrahmen für ihr eigenes Lebens und das Verständnis der Welt. Dieser Befund stützt sich auf die beiden Voraussetzungen, dass die mediale Welt der Gegenwart eine Welt ist, in der das Fernsehen zur alles prägenden Kulturmetapher wird und dass es durch seine spezifische Medialität, also die Art, in der es kommuniziert, nach dem zu Klassiker gewordenen Urteil *McLuhans*, selber schon die Botschaft ist[57].

Ästhetisierung der Wirklichkeit als Visualisierung der sozialen Erlebnis- und Erkenntnisformen bedeutet in dieser Hinsicht vor allem zweierlei. Das *eine* ist der von *Baudrillard* beschriebene Kreislauf der Bilder[58]. In den sozialen Lebensformen und Reaktionsmustern scheinen sich die Bilder des Fernsehens und der Werbung ebenso abzubilden, wie Werbung und Fernsehen wiederum als Abbilder einer Wirklichkeit auftreten, die mehr und mehr vom Imitationszwang, der von ihren Bildern ausgeht, mitgeschaffen wird. Die Tendenz zum *inszenierten Bilderkreislauf ohne festen sozialen Boden* verschafft den Bildern, um die es dabei geht, eine hochgradige soziale Eigenrealität, das ist Baudrillards *Prozession der Simulakra*[59]. Eine bestimmte Form der Visualisierung von Informationen, Deutungen, Lebensatmosphären, Botschaften, Normen, Elementen von Weltbildern, Images, Vorbildern und was sonst noch in diesen Bildproduktionen stecken mag, wird zum prägenden Element der Erfahrung der sozialen Welt, der Gestaltung der Lebenswelt und der medialen Abbilder beider in einer endlosen Rekursionsschleife. Was in ihr einen zentralen Platz gewinnt, wirkt realitätsprägend.

Zum anderen, und das ist für die soziale Kommunikationskultur von ausschlaggebender Bedeutung, verdrängt dieser Stil der visuellen Eindrücklichkeit die diskursive Erfahrung der sozialen Welt, die rationale

---

[57] McLuhan 1995
[58] Baudrillard 1978
[59] AaO.

Verständigung und den kritischen Diskurs für viele Menschen aus dem Kernbereich der sozialen Welterfahrung und mehr noch von den *Medienbühnen der Öffentlichkeit* [60]. Die Wahrnehmung des für das Auge Inszenierten, die zugleich überraschend, eindrücklich, unterhaltsam, anspruchslos, scheinbar immer verständlich und zumeist auch fraglos gültig ist, sozusagen direkt unter die Haut geht, wird zum bevorzugten Paradigma von Erlebnissen, Erlebnisfähigkeit und der Produktion von erlebnisfähigen Kommunikationsangeboten, weil sie es ist, die Aufmerksamkeit am raschesten zu gewinnen und am sichersten zu bannen vermag, und weil ihre Botschaften am nachhaltigsten im Gedächtnis haften.

Die Dominanz des Bildes, zumal des abbildförmigen, fotografischen Bildes in dieser von Fernsehen und Werbung geprägten Form einer Ästhetisierung der Lebenswelt hat zwei nachhaltige Folgen für die Kultur im Ganzen, vor allem auch die politische Kultur. Die *eine* ist die Vorherrschaft der „Logik" der *Bildunterhaltung* über diejenige der Sprachlichkeit und der dialogischen Verständigung. Die *andere* besteht im *Unsichtbarwerden der Urheberschaft* intentional erzeugter Weltbilder, da die Urheber der Bilder anders als die von Behauptungen und sprachlichen Deutungen selbst nicht in Erscheinung treten.[61] In ihrem Zusammenwirken konstituieren beide Aspekte die spezifische „Logik" des Scheins. In der Logik des visuellen Scheins werden Aufmerksamkeit und Wahrheit, Attraktion und Legitimation schon durch die unwillkürliche Art der Bildwirkung eins [62].

Die Folge ist ein weitreichender Verlust der Distanz zwischen den in diesem Medium angebotenen Weltdeutungen und den Menschen, an die sie sich wenden. Sie wird entscheidend forciert durch deren intime Einbettung in die alltägliche Lebenswelt der Menschen durch das Medium Fernsehen. Seine Bilder sind so nahe und so lebendig wie das Geschehen am häuslichen Tisch und lassen nicht mehr erkennen, dass sie stets unvermeidlich absichtsvoll inszenierte Kunstprodukte sind. Sie wirken wie unvermittelte Realitätselemente in der primären Erfahrungswelt, ganz im

---

[60] Das ist der treffende Zentralpunkt in den fernseh-kulturkritischen Schriften von Postman 1985
[61] Genauer in Meyer 1992
[62] Vergl Kepplinger 1987

Unterschied zur visuellen *Kunst,* die gerade auf ihre Distanz zur objektiven Welt achtet, indem sie die eingefahrenen Sehweisen mit ihrer eigenen Bildsprache durchbricht.

Die Ästhetisierung der Öffentlichkeit ist ein Reflex sowohl auf die Vorab-Inszenierung der elektronischen Medien-Bühnen wie auf die visuelle Formung der gesellschaftlichen Urteilskraft. Politische Kommunikation hat sich unter der Vorherrschaft des Fernsehens die Visualisierung der Kommunikations- und Erlebnisformen rasch und gründlich zunutze gemacht. Politik präsentiert sich in der Mediengesellschaft immer mehr und immer gekonnter als eine Abfolge von Bildern, kameragerechten Schein-Ereignissen, Personifikationen und Images, bei denen Gesten und Symbole, Episoden und Szenen, Umgebungen, Kulissen und Requisiten, kurz Bildbotschaften aller Art zur Kernstruktur werden, zum Teil sogar von Werbe- und Kommunikationsexperten erdacht und von den Akteuren nachgestellt, damit die maximale Medienwirkung garantiert sei. Die Papstkirche hat der Politik in den letzten Jahren des Pontifikats von Johannes Paul II in diesen Künsten schon den Rang abgelaufen. Die großen amerikanischen Teleevangelisten stehen in den ihnen eigenen Fernsehformaten dem nicht nach, wenn auch noch mit kleinerem Publikum und in sprachlichen Grenzen, die aber wegen des Vorrangs der Bildlichkeit keineswegs prinzipieller Natur sind. Die wenigen sprachlichen Formeln, die den mächtigen Bildern und bewegenden Erweckungsszenen hinzuzufügen sind, um die gewollte Wirkung zu entfalten, können überall auf der Welt, wie in den *songs* und *clips* von MTV im Handumdrehen gelernt werden.

Es geht bei alledem um die Inszenierung bilderreicher Schau-Erfahrungen. Für diese mediale Bühne sind Strategien der Theatralisierung der Selbstdarstellung und der Darstellung von Botschaften und Botschaftern wie geschaffen. Damit knüpft die Kultur der modernen Mediengesellschaften an das Modell der demonstrativen Öffentlichkeit an, wie es in der vorbürgerlichen Epoche Jahrhunderte lang in Europa vorgeherrscht hatte[63]. Deren Kern war schon immer die Theatralik der Liturgie der katholischen Kirche und ihrer Vorzeigekultur der Rituale, Monstranzen,

---

[63] Habermas 1990

Umzüge, Kostüme und Massenversammlungen, in denen sich die transzendente Botschaft auf außeralltägliche Weise visuell offenbarte, ohne an
etwas wie Diskurs oder Rede interessiert zu sein. Worum es ging und der
Kultur der Zeit entsprechend allein gehen konnte, war die visuelle Bestätigung dessen, das ohnehin gemeinsame Gewissheit war, im Glanz des
Außeralltäglichen.

Die Revisualisierung der öffentlichen Kommunikationskultur lässt
für die diskursive Verständigung wenig Raum. Die Inszenierung von
Eindrücklichkeit und die ihr entsprechende Erzeugung emotionalen Ein-
verständnisses passen nicht gut zu den Grundsätzen der Reflexion, Distanz und Verständigung. Sie erweisen sich aber am Ende des Zeitalters
der großen Ideologien als unerwartete neue Chancen für die Steigerung
der Attraktionskraft von Religion im öffentlichen Raum. Die beiden über-
ragenden Erfolgsparadigmen der neuen religiösen Kultur der Sichtbarkeit, das Papsttum und die Tele-Evangelisten, haben den Beweis auf
durchschlagende Weise erbracht. Bei ihrer momentanen Alleinstellung
auf den globalen Religionsmärkten in dieser Hinsicht, wird es daher gewiss nicht bleiben.

Papst Johannes Paul II. hat es auf geniale Weise verstanden, die Inszenierung der Glaubensrituale auf Bühnen fast überall in der Welt so mit
der Event-Fixierung des Fernsehens zu verknüpfen, dass am Ende seines
Lebens für das erlesene Massenspektakel in und vor dem Petersdom eine
nahezu ganztägige Daueraufmerksamkeit über Tage hinweg, an allen
Orten der Welt, wo Fernsehgeräte verfügbar waren, ganz unabhängig
von der Glaubenshaltung des Publikums, aufrecht erhalten werden
konnte.

Die katholische Kirche hat es unter der Führung dieses im Bereich
der Massenkommunikation genialen Modernisierers mit grandiosem
Erfolg verstanden, Papsttum und theatrale Selbstpräsentation so zu per-
fektionieren, dass es die vormaligen Bedingungen der Glaubensüberzeugung ebensoweit hinter sich gelassen hat, wie die theatralen Politikinsze-
nierungen der modernen Öffentlichkeit die Überzeugungskraft der legi-
timierenden Ideen. Das ist ihr momentanes Alleinstellungsmerkmal auf
dem Religionsmarkt. Ästhetische Massenerlebnisse dieser Art enthalten
in der visualisierten Gegenwartskultur ihre eigene Überzeugungskraft.

Die Erlebnis- Gewissheiten, die sie vermitteln, scheinen sinnliche Evidenz, emotionale Erregung und das Gefühl der Transzendenz in einer unmittelbar wirksamen Weise miteinander zu verknüpfen, die diskursive Zweifel außer Kraft setzt.

Offenbar ist das Fernsehen durch die ihm eigene Magie, ein bloßes Fenster in die Welt zu sein, das die Realität unverfälscht ins Wohnzimmer bringt, in der Lage, die Aura des Petersplatzes und der anderen Stätten, an denen der Papst zelebriert, unbeschädigt zu transportieren. Den modernen Spektakelstrategien gelingt es, den jenseitigen Zauber der vormodernen Demonstrationskultur im Fernsehzeitalter nicht nur neu zu beleben, sondern in einer Art Multiplikationseffekt aus der Bildaura des Fernsehens und der Weihe der Kirchenrituale in Intensität und Verbreitungsgrad zu steigern. Dieses Erfolgsrezept haben auch die Fernsehprediger in den USA seit längerem entdeckt. Zwar können sie nicht das symbolische und ikonografische Kapital der katholischen Kirche aufbieten, aber sie haben den Regisseuren der modernen Massenunterhaltung auf die Finger geschaut und eigene Inszenierungsstrategien entwickelt, die im Rahmen der amerikanischen Fernsehkultur für ihre jeweiligen Zielgruppen nicht weniger wirksam sind. In perfekt choreographierter Weise werden für das Massenpublikum an den Bildschirmen hochtheatralisierte Erweckungspredigten, live vollzogene Erweckungsakte und Schauspiele überwältigender Ergriffenheit des anwesenden Publikums in medial zugerichteten, überdimensionalen Versammlungshallen zelebriert, so dass die Anwesenden und die Bildschirmbetrachter gleichermaßen sinnlich und emotional erregt werden und sich die Anwesenheit des Außeralltäglichen ihnen allen mitteilt. Eine Stimmung stellt sich ein, die, wie bei den Massenerlebnissen großer öffentlicher Konzerte, alle in ihren Bann schlägt und weder zu Fragen einlädt, noch zu wünschen übrig lässt.

Im Unterschied zur erhabenen, goldglitzernden Ikonographie der päpstlichen Zeigekultur setzt die protestantische Inszenierung auf Massenerregungen durch eine aufheizende Verbalperformance, die Live-Aura des individuellen Bekehrungserlebnisses und die musikalische oder circensische Aktivierung des Massenpublikums. Dazu hat sie, mangels Papst und Ritus, ikonographischen Arsenalen und geweihten Plätzen auch keine Alternative. Sie nimmt mit der profanen Aura des Hyperrealen vorlieb, die den magischen Kanälen selber eignet, und macht das Beste daraus. Es ist eine offenen Frage, wie lange ihr dadurch im Potential ihrer geographischen und kulturellen Verbreitung noch Grenzen gesetzt sind. Einer Übertragung nach Europa dürfte nicht viel im Wege stehen, wenn wohl auch, ähnlich wie im Fall der Politik, der Prozess der Amerikanisierung mit der andauernden Beschwichtigung derer, die ihn vorantreiben, verbunden bleiben dürfte.

Die demonstrative Besetzung des öffentlichen Raumes mit eindrücklichen ästhetischen Ritualen, zugleich unterhaltsamen und weihevollen Inszenierungen sowie einer anscheinend gesegneten Welt ikonographischer Arrangements und Situationen verschärft die Asymmetrie der öffentlichen Brisanz zwischen Religion und säkularer Vernunft noch einmal drastisch. Denn einerseits haben die Ereignisse und Inszenierungen der medialen Massenkultur keinerlei Verbindung zur Welt der Diskurse und Lebensformen säkularer Vernunft. Diese selbst aber kann aus prinzipiellen Gründen für die öffentliche Darstellung ihrer Argumente, Weltbilder und Handlungsformen nicht auf vergleichbare Formen theatraler Selbstpräsentation und kollektiver Mobilisierung setzen und würde dies, selbst wenn es einzelnen ihrer Vertreter in den Sinn käme, auch nicht mit Aussicht auf Erfolg betreiben können, ohne sich selbst zu dementieren.

Es mag zwar einzelnen ihrer Vertreter, wie etwa *Bernard Levy* in Frankreich oder *Peter Sloterdijk* in Deutschland gelingen, sich als Fernseh-Intellektuelle eine mediale Dauerpräsenz zu verschaffen. Sie stehen aber für nichts als sich selbst und ihre Inszenierungskunst und können massenwirksame Spektakel nicht initiieren. Sie wirken auch nicht als kollektive Organisatoren, um die sich eine dauerhafte Gemeinde von Anhänger schart, deren Gewicht im öffentlichen Raum spürbar wäre und deren Meinung sich in der öffentlichen Debatte Gehör verschaffen könnte. Es ist auch sehr die Frage, ob das Vernunft ist, was sich in ihren Auftritten zeigt. Die säkulare Vernunft ist im öffentlichen Raum der visualisierten Gegenwartskultur heute nicht anwesend und vermutlich auch in Zukunft nicht repräsentierbar.

Mit dieser *Entertainisierung der Religionskultur* auch im Protestantismus gehen die Fernsehprediger der USA wahrscheinlich den übrigen

Mediendemokratien der Welt nur voran. Es spricht manches dafür, dass die mediale Theatralisierung der öffentlichen Kommunikation diese Landes ebenso wie in den Bereichen der Unterhaltung und der Politik auch im Religiösen als ein Zukunftslabor wirkt, aus dem sich die zentralen Akteure anderer Länder zunächst zaghaft, bald aber ungehemmter und mit professioneller Beratung bedienen, sobald erst einmal ein Anfang gesetzt ist.

Die Mediatisierung des Katholizismus, in der päpstlichen Inszenierungskunst für die weltweite Fernsehgemeinde der Gegenwart ohnehin auf einem historischen Gipfelpunkt angelangt, wird ihren Triumphzug wegen erwiesenen Massenerfolgs wohl weltweit fortsetzen. Die protestantischen Konkurrenten werden sich dem Patentrezept des *Religiotainment* auch hierzulande sicher nicht auf unbegrenzte Zeit tatenlos verweigern, die Luthersche Bilderfeindschaft hat am Ende der Gutenberg-Galaxis ausgedient.

10 Die Asymmetrie der Lebenswelten

Argumentative Vernunft und säkulare Lebensformen finden im öffentlichen Raum der modernen Mediengesellschaft keine Repräsentanz. Sie organisieren sich nirgends mehr zur handlungsfähigen Weltanschauungsgemeinschaft und verdichten sich zu keinem Bild. Sie verfügen weder über ein sakrales noch über ein ikonographisches Symbolkapital, das sie im Wandel der Zeiten auf kreative Weise ausbeuten oder in neue Projekte mit Massenwirkung investieren können. Die pseudoreligiösen Versuche ästhetischer Selbstinszenierung der beiden totalitären politischen Ideologien des zwanzigsten Jahrhunderts haben dem kurzen Rausch profanweltanschaulicher Inszenierungskunst einen anhaltenden Kater folgen lassen, Gott sei Dank.

Die moderne Gesellschaft ist auch in ihren Lebenswelten von einer kennzeichnenden Asymmetrie geprägt. Diese hat ihren Grund in tief verwurzelten alltagskulturellen Gewohnheiten und Strukturen und dürf-

te in Folge dessen von Dauer sein[64]. Während nämlich die Zahl der bekennenden und praktizierenden Christen kontinuierlich geschwunden ist
und weiter zurück geht, nehmen ihre Netzwerke und ihre Sichtbarkeit in
den Lebenswelten, in der Zivilgesellschaft und im öffentlichen Raum in
den meisten Ländern Europas, in jedem Falle aber auch in Deutschland,
in beträchtlichem Maße zu. Dabei handelt es sich nicht um ein Wunder,
sondern um die Auswirkungen einer in ihren Grundzügen nicht voraus-
gesehenen, aber in der Rückbetrachtung wenig überraschenden Folge
alltagskultureller Gewohnheiten.

Während die Kirchen und großen Religionsgemeinschaften als
rechtmäßige Eigentümer eines immensen symbolischen Tröstungs- und
Erlösungskapitals und eines Jahrtausende lang erprobten ikonographischen Universums der Massenfaszination sowie ihrer erwiesenen Meis-
terschaft in der Handhabung alltagspraktischer Rituale über die Fähigkeit verfügen, ein nahe zu unbegrenztes Spektrum von Menschen höchst
verschiedenartiger alltagskultureller Milieus und mentaler Kulturen zusammen zu halten, die in Zweifelsfalle einzig eine abstrakte Identifikation mit der christlichen Erlösungshoffnung verbindet, ist spätestens seit
dem Ende des Zweiten Weltkrieges in Deutschland weit und breit nichts
mehr in Sicht, das für Menschen einer säkularen Mentalität und Lebensführung einen solchen Dienst leistet oder leisten könnte.

Dies war in fast allen europäischen Ländern einmal anders, denn
auch die Freidenkerkulturen mit ihrer Millionen-Mitgliedschaft verfüg-
ten in Deutschland vor ihrer Zerschlagung durch den Nationalsozialismus über ein von der Wiege bis zur Bahre bergendes und sinnstiftendes
Netz von Sozial- und Kulturvereinen, Symbolen, Feierritualen und Ge-
meinschaftsformen, das auf der Basis der großen Texte von Aufklärung
und Klassik einen eigenen symbolischen Kosmos hervorgebracht hatte.
Er ließ für einen Bewohner in dieser Hinsicht nichts zu wünschen übrig
und stellte ein wirksames Unterfutter ihrer Ansprüche auf Teilhabe in
Wirtschaft, Staat und Gesellschaft dar. Diese sozio-kulturellen Biotope
sind vom Nationalsozialismus ausgelöscht wurden und auch nach dessen Zerschlagung nicht wieder nachgewachsen. Die mediale Erlebniskul-

---

[64] Schulze 1992

tur der Nachkriegsjahre hat ihnen dann vollends den Boden entzogen, so dass sie nur noch in winzigen Restbeständen hier und da am Wegesrand der modernen Erlebniskulturen zu besichtigen sind. Mit dem Ende des offiziellen Klerikalismus ist ihnen darüber hinaus der Gegner abhanden gekommen, von dem in herzlicher Feindschaft eine mobilisierende Wirkung ausgehen könnte.

Die daraus resultierenden Asymmetrien zwischen den christlichen und den säkularen Lebenskulturen sind tief greifend, folgenreich und im gesellschaftlichen Leben fest verwurzelt. Menschen, die nach dem soziologischen Beschreibungssystem sozio-kultureller Milieus etwa jenen Teilgruppen zuzurechnen sind, deren geistige Alltagskultur sich auf hedonistischen Fernsehkonsum und die Rezeption von Boulevardmedien beschränkt, ohne einen erkennbaren Anteil wirklicher christlicher Lebensführung, haben es, falls es die Traditionen ihrer Familie oder ihrer Umwelt verlangen, oder Restbestände tatsächlicher Glaubensüberzeugungen es gebieten, weder im Hinblick auf die Erreichbarkeit noch ihre Erlebnismotivation sonderlich schwer, durch einen gelegentlichen Kirchgang ihre fortwirkende Mitgliedschaft in der großen Christen-Gemeinde zu bezeugen. Im Zweifelsfalle reicht auch die Unterlassung der aufwändigen Austrittshandlung aus bestehenden Kirchmitgliedschaften, um ihre fortwirkenden Religionszugehörigkeit aktenkundig zu machen und in den Risikofällen des Lebens daraus vielleicht sogar ein wenig Tröstung zu gewinnen. Manche mögen auch von Zweifeln geplagt sein, ob ihren Kindern nicht durch einen Kirchenaustritt unkalkulierbare Nachteile erwachsen können, für die sie nicht die Verantwortung übernehmen möchten.

Auf der anderen Seite, nämlich im Bereich der säkularen Lebenskulturen vergleichbaren Anspruchniveaus, sieht alles ganz anders aus. Ein flächendeckendes Angebot bequem zu konsumierender und dabei Lebenssinn stiftender und dazu auch noch gesellschaftlich und in großen Kollektiven anerkannter sozio-kultureller Rituale gibt es hierzulande nirgendwo mehr. Da müsste eine interessierte Person schon intensiv und kundig recherchieren, wollte sie auf die versprengten Reste etwa der ehemaligen Arbeiterfreidenker-Kultur im Ruhrgebiet oder in Berlin stoßen, um dann, wenn sie fündig geworden wäre, mit großem Einsatz an zeitlichen und finanziellen Ressourcen eine Beziehung zu ihr dauerhaft herzustellen und halten zu können. Aber nicht nur die Gelegenheiten, schon die Motive dazu sind heute extrem rar gesät. Das meiste von dem, was der Einzelne in dieser Hinsicht noch suchen mag, leisten die genau für diese Zwecke zunehmend spezialisierten und popularisierten Sparten der Fernsehprogramme, die Surrogate von Lebenssinn als unterhaltsamen Zeitvertreib stiften und scheinbar für jeden Anspruch auch spielerisch angebotene und konsumierbarer Lebensmodelle feilbieten. Sie werden vom Einzelnen und den Seinen in der privathäuslichen Isolation konsumiert, ohne Aufwand, ohne Anstrengung und ohne jede Verpflichtung. Daraus kann jenseits der para-sozialen Einheit des medialen Angebots selbst etwas wie gesellschaftliche Vernetzung oder gar die Einheit großer sozialer Organisationen der kulturell und mental Gleichgesinnten nicht mehr entstehen. Das scheint, fürs erste, auch nicht vielen zu fehlen, auch wenn die Fülle, die Ernsthaftigkeit und die moralische Lebenshaltung gerade jüngerer Menschen in der wachsende Fülle zivilgesellschaftlicher Engagements darauf hindeutet, dass da noch Raum für etwas anderes ist.

Solche soziokulturellen Milieu-Identitäten mögen umfassender sein und tiefer reichen als das meiste, was Christen in der modernen Welt kulturell noch mit einander verbindet, lebensweltlich, kognitiv und im soziokulturellen Habitus[65]. Sie übersetzen sich aber nicht mehr in sichtbare und handlungsfähige gesellschaftliche Kollektividentitäten, deren legitime Repräsentanten ihre Stimme erheben könnten, um politische Vorgänge zu deuten, ethische Positionen zu beziehen, Ansprüche zu erheben und für all das im öffentlichen Raum dann auch Macht zu entfalten und mit deren Einsatz zu drohen. Den höchst indirekten Einfluss, den die sozial atomisierten Kollektive säkularer Lebenskultur dennoch entfalten, können sie allenfalls auf dem Wege von Umfragen gewinnen, deren Profile aber in fast allen Punkten volatil bleiben, da es eben zwischen ihren Angehörigen keine direkte Verständigung gibt und auch kein Zentrum, das Auffassungen zusammenfasst und befestigt und auf diesem

---

[65] Bourdieu 1982, Flaig/Meyer/Ueltzhöffer 1993

Wege dauerhafte Überzeugungen zu den unübersichtlichen Fragen der Politik überhaupt erst stiftet.

Am anderen Ende der sozialen Pyramide, bei den gesellschaftlichen und kulturellen Eliten, sind die Asymmetrien noch ausgeprägter und erweisen sich in der genauen Betrachtung als eine der wesentlichen Ursachen dafür, das die ungleichen Verhältnisse im Ganzen so dauerhaften Bestand haben. In den gehobenen Schichten des Bildungsbürgertums, zu mal bei den kreativen Köpfen, die selber Interpretationen und Sichtweisen säkularer Lebenskultur und Vernunft erzeugen und öffentlich machen, herrscht ein gepflegter Individualismus vor, der dazu neigt, die Differenzen zu ähnlichen Positionen groß und die Gemeinsamkeiten klein zu schreiben. Im Zweifelsfalle ist, je höher man hinauf blickt zu den Spitzen des kulturellen und sozialwissenschaftlichen Geistesschaffens, jeder Kopf ein eigener Kosmos und nur als Einzelstimme im öffentlichen Diskurs oder in den Medien vernehmbar, aber außer im Falle singulärer politischer Bedrohungen oder Skandale kaum zur Vernetzung oder gar sozio-kulturellen Gemeinschaftsbildung geneigt. Man ist nichts und niemandem zugehörig. Und auch jene, die sich den paradigmatischen Großintellektuellen in diesem Bereiche zugeneigt fühlen, sagen wir etwa in Deutschland *Jürgen Habermas* oder *Peter Sloterdijk*, haben außerhalb des kognitiven Paradigmas, soweit man urteilen kann, wenig Neigung zur Gemeinschaftsbildung oder politischen Selbstorganisation. Eine gemeinsame Unterschrift hier und da ist zumeist das äußerste Maß an Kollektivität.

In lebenskulturelle Veranstaltungen eines der einsam verbliebenen Freidenkerverbände ließe sich niemand von ihnen einladen, erst recht nicht um eigene Motive alltagskultureller Lebensführung und Sinnstiftung oder strukturierender Rituale zu befriedigen. Schon der leiseste Hauch der Übersetzung zeitgemäßer säkularer Vernünftigkeit in weltanschauliche Lebenspraxis ist ihnen als Gedanke ein Horror und wäre ihnen ohne Zweifel als Realerfahrung ein Gräuel. Niemand aus diesem Bereich käme auf den Gedanken, etwas zur Vitalisierung oder zur Anhebung des Niveaus der verbliebenen Reste säkularisierter Alltagskultur beizutragen, schon allein darum, weil niemanden lebensweltliche Bedürfnis dazu antreiben, aber ebenso, weil niemand dies, falls politische

Motive dennoch dafür sprächen, für ein aussichtsreiches Unterfangen in
unserer Zeit hielte.

Die Asymmetrie in der Bereitschaft zur Vergesellschaftung oder institutionellen Zurechnung zwischen den als Christen registrierten Zwei-
dritteln der deutschen Gesellschaft und dem Drittel Nichtchristen ist
strukturell verfestigt. Auf diese Weise gelingt es mit überzeugender
Durchschlagkraft im christlichen Teil der Gesellschaft dichte Milieunetze
zu weben, denen sich Spitzenintellektuelle, Weltanschauungsrepräsen-
tanten, Politiker, Kulturbürger und kulturferne Unterschichten gleichermaßen zugehörig fühlen, weil sie alle in einem entscheidenden Punkt der
Selbstdefinition ihres Lebenssinnes über die im übrigen oft unüberbrück-
baren kulturellen, intellektuellen und sozialen Differenzen hinweg sich
dem selben individuellen Erlösungsprojekt zugehörig fühlen und die
formelle Zurechnung zur sichtbaren Kirche als eine seiner wesentliche
Bedingungen betrachten. Auf der säkularen Gegenseite kann hingegen
aus den beschriebenen Gründen eine solche Vernetzung als dauerhafter
Bestandteil einer Lebensform offenbar nicht mehr gelingen. Die sozio-
kulturelle Atomisierung, freilich auf breiter Fläche auf der Basis eines
hochgradig homogenisierten Kulturkonsums, regiert diesen Gesell-
schaftsbereich und zwar weitgehend unabhängig von den Zahlen, gege-
benenfalls auch sehr großen Zahlen, die dabei im Spiele sind.

Nach den Gesetzen des Interessen-Pluralismus ebenso wie nach den
Spielregeln der Mediengesellschaft wird dieser gesellschaftlich-kulturelle
Sektor daher weitgehend zu einer *depressed area*, einer vernachlässigbaren
Größe im öffentlichen Raum. Die Leerstellen, die sie hinterlassen, werden
vom Oligopol der großen Kirchen als wohlorganisierte und in dieser
Hinsicht konkurrenzlose Macht, wo immer es für sie darauf ankommt,
ohne falsche Hemmungen zügig und selbstbewusst besetzt.

11 Wahrheit, interkultureller Dialog und Bürgerschaft

Man gewinnt den Eindruck, dass sich die christlichen Mehrheiten hierzulande oder vielmehr ihre repräsentativen Führungszirkel durch die allmählich im öffentlichen Raum vorrückenden Religionen der Migranten

in ihrer beanspruchten Führungsrolle in Frage gestellt sehen. Der kulturelle Pluralismus der europäischen Gesellschaften nimmt zu. Gemeinden aus nahezu allen anderen Weltreligionen haben hier Fuß gefasst und fordern mit wachsendem Selbstbewusstsein ihren Anteil an Einfluss und Anerkennung in den Gesellschaften, in denen sie leben, den der Anspruch der rechstaatliche Demokratie ihnen in der Tat ja auch verspricht. Die christlichen Ursprungskonfessionen in Europa ebenso wie in den USA geraten in ein unverhofftes Dilemma. Einerseits wollen sie ihr regionales Erstgeburtsrecht behaupten und suchen daher nach Wegen zu einer passablen Hierarchisierung der nunmehr vor Ort repräsentierten Religionen, deren Spitzepositionen ihnen nach eigenem Urteil historisch zusteht. Andererseits wollen sie die Grundwerte und Spielregeln der liberalen Demokratie glaubhaft achten, die solche Rangunterschiede ausschließt. Das Dilemma scheint perfekt.

Samuel Huntington's Versuch, es für die traditionell multikulturelle USA beispielhaft aufzulösen, hat es erst recht ins Rampenlicht gerückt[66]. Unauflösliche Widersprüche verbunden mit einer folgenreichen Schieflage in den interkulturellen Beziehungen ergeben sich aus seinem Versuch, die politisch-kulturelle Identität der USA für die Gegenwart neu zu bestimmen. Er ähnelt politischen Bestrebungen in der Bundesreplik, eine christlich imprägnierte Leitkultur für alle Bürger verbindlich machen zu wollen und damit der majoritären Ursprungsreligion auf immer ihren Vorrang gegen alles, was noch hinzukommen oder entstehen mag, institutionell zu sichern. Bei Huntington nimmt diese Ungereimtheit die Form einer ausdrücklichen Hierarchisierung der religiös-kulturellen Identitäten an, die innerhalb der amerikanischen Gesellschaft in Erscheinung getreten sind. In einer angesichts der tatsächlich gegebenen religiösen Vielfalt verzweifelt anmutenden Volte möchte er die protestantisch-angelsächsische Kulturtradition, die in der Tat die Gründeridentität des weißen Amerika ausgemacht hatte, zur unüberholbaren Kernidentität der USA der Gegenwart erklären, zu einer Leitkultur also, der sich alle anderen religiös kulturellen Identitäten, die amerikanisch sein möchten, unterzuordnen haben. Dieses Manöver dürfte die Entfremdung der An-

---

[66] Huntington 2005

deren forcieren. Sie entbehrt der demokratischen Argumentationsgrundlage und dürfte, da sie die Sensibilität der so Degradierten gegen Vorrangansprüche schärft, am Ende kontraproduktiv wirken. Ein solcher Hierarchisierungsversuch ist auch vergeblich, denn unter rechtsstaatlich demokratischen Gesichtspunkten, die den Kern einer verfassten liberalen Demokratie vom Typ der USA ausmachen, lässt sich eine kulturelle Leitidentität auf der Basis einer besonderen religiösen Zugehörigkeit nicht begründen, so lange Bürger anderer religiös-kultureller Überzeugung bereit und in der Lage sind, im Anschluss an die Geschichte der Vereinigten Staaten und in Anerkennung der institutionellen Rahmenbedingungen als Gleiche an den öffentlichen Diskursen über die Fortsetzung der gemeinsamen Geschichte in künftigen politischen Projekten teilzunehmen.

Dabei kann und muss offen bleiben, wie die religiösen Neubürger und die zu neuem Selbstbewusstsein gelangenden kulturellen Minderheiten mit ihrer Einflussnahme auf solche Selbstbestimmungsdebatten der Nation deren Verlauf und Ergebnis beeinflussen, denn das Recht kommt ihnen als Staatsbürger ohne Einschränkungen zu. Der Leitkulturanspruch ist darüber hinaus überflüssig, denn er kann die unvermeidlich offenen Prozesse der ethisch-kulturellen Selbstbestimmung der Gesellschaft nicht von vornherein von oben her festlegen, und er ist vergeblich, weil er mit dem legitimen Mittel rechtstaatlich-demokratischer Verfassung nicht durchgesetzt werden kann. Das Maß seiner Vergeblichkeit wächst darüber hinaus künftig mit großer Wahrscheinlichkeit eher noch an, da die zunehmende religiös- bzw. ethnisch-kulturelle Pluralisierung sicherlich nicht mit Appellen aus einem der konkurrierenden Lager an die Rivalen zur Aufgabe des Spiels und zur Desertion bewirkt werden kann. Wahrscheinlich ist eher das Gegenteil: je mehr Leitkultur-Anspruch, umso mehr Selbstbewusstsein und Gegenwehr derer, die dauernde Unterwerfung fürchten müssen.

Eine „Wahrheitsfrage" kann sich aus prinzipiellen Gründen im Verhältnis des interkulturellen und interreligiösen Dialogs im Hinblick auf die Normen und Projekte der politischen Kultur einer Gesellschaft nicht stellen. Das Beharren auf einer Entscheidung in der „Wahrheitsfrage" gegenüber den anderen Religionen ist vielmehr ein irritierender Rückfall hinter die Toleranz-Weißheit, die Lessing in seiner Ringparabel dem kulturellen Pluralismus der Moderne ins Stammbuch geschrieben hatte. Würde sich im öffentlichen Raum der religiösen und kulturellen Geltungsansprüche die Wahrheitsfrage im Ernst entscheiden lassen – und andernfalls machte es wenig Sinn, sie zu stellen – so wären Rechtsstaat und Demokratie nicht nur entbehrlich, sondern illegitime Hindernisse des richtigen Lebens. Sie sind aber gerade die geniale historische Erfindung als Antwort auf die prinzipielle Unentscheidbarkeit dieser Frage. Sie beruhen im direkten Gegensatz zu den kulturellen Grundlagen des vormodernen Zeitalters darauf, dass sich kein Standpunkt außerhalb des religiös kulturellen Pluralismus mehr definieren lässt, von dem aus in dieser Fragen für alle legitim entschieden werden kann.

Das ist kein Verzicht auf die Wahrheitsfrage und auch kein verordneter Relativismus, wie Kardinal Ratzinger in seiner Konklavepredigt meinte, sondern der institutionalisierte Respekt vor ihr, weil nun auf jeweils selbst gewählten Wegen nach Antworten auf sie gesucht werden kann und nicht eine der suchenden Gemeinschaften mit ihrer eigenen Gewissheit die Wege der anderen verlegen darf. Der Glaube, die eigene Wahrheit, auch wenn sie mir selbst ganz gewiss erscheint, müsse oder dürfe zur verbindlichen Gewissheit für alle gemacht werden, ist vielmehr der Rückfall aus der modernen Toleranzkultur in die Kultur des Fundamentalismus.

Ein Eintritt in den interkulturellen Dialog unter der sei es expliziten, sei es impliziten Prämisse, der Gesprächspartner müsse sich dem Wahrheitstest seiner religiösen Überzeugungen stellen, für den die Wahrheitsgewissheit der anderen Seite eine Art Prüfstein sei, kommt daher in Wahrheit der Verweigerung seiner Anerkennung gleich. Zwar ist die zivilisierte Religion in der modernen Kultur dadurch gekennzeichnet, dass sie den Gewissheitsansprüchen ihrer Bekenner keine allgemein verbindliche öffentliche Geltung mehr zumisst, auf den eigenen Wahrheitsanspruch aber kann keine Religion verzichten, solange sie sich nicht selbst preis gibt oder in ein zynisches Verhältnis zu sich selbst tritt. Da dieser Anspruch aber für alle gilt, kann keine der Religionen oder Weltanschauungen ihn für alle erheben. Das ist das *Lessing*'sche Minimum.

Zivilisierte Religion im rechtsstaatlich demokratisch verfassten Gemeinwesen übernimmt statt dessen die öffentliche Garantie, dass Religionen und Weltanschauungen ihre Wahrheiten autonom und ohne öffentliche Einflussnahme suchen, definieren und bekennen können, solange sie die Regeln verteidigen, die allen anderen dasselbe Recht ohne Einschränkungen gewährleisten. In diesem Sinne lässt sich in der modernen Kultur an alle Religionen die Frage der politisch-moralischen Richtigkeit stellen, aber eben nicht die nach der kognitiven Wahrheit ihres Glaubensbekenntnisses. Die Pluralismusverträglichkeit zeitgenössischer Religion entscheidet sich mithin gerade an der Frage ihrer Fähigkeit, im Dialog über das Gemeinwesen, seine Grundlagen und seine ethisch politischen Projekte die Wahrheitsfrage im Bezug auf das Bekenntnis der Anderen offen zu lassen, aber Eindeutigkeit in zwei anderen religiösen Grundfragen herzustellen, nämlich bezogen auf die Art der Glaubensgewissheit und die Richtigkeit der politisch moralischen Konsequenzen, die aus ihr gezogen werden.

Die Gewissheit des Wahrheitsbewusstseins muss in ihrer subjektiven Bedingtheit erkannt werden, damit der Wahrheitsgewissheit der anderen Recht widerfahren kann. Auf dieser Grundlage ist eine Konvergenz in den politisch moralischen Überzeugungen möglich, die die politische Kultur des demokratischen Rechtsstaates fundieren und damit den religiös-kulturellen Pluralismus zugleich möglich machen und einhegen.

Freilich kann es zur Anerkennung der Anderen zusätzlich motivieren, wenn in persönlichen interreligiösen Gesprächen nachvollziehbar wird, wie sie ihren Wahrheitsanspruch verstehen und begründen. Andernfalls kann es denen, die nur auf die Außenseite schauen, ergehen wie den Mitgliedern der *Iwakura-Mission*, die im Auftrag der japanischen *Meiji*-Regierung in den Jahren 1872 bis 1874 Europa bereisten, weil sie überzeugt waren, sie müssten das Wesen und die Rolle des Christentums für die politische Zivilisation Europas verstehen, um das moderne Japan begründen zu können[67]. Der Berichterstatter *Kume Kunitake* gelangte nach intensiver Beobachtung und vielen diplomatischen Gesprächen am Ende zu dem Schluss: *„Die hochgestellten Personen in Europa scheinen oberflächlich*

---

[67] Watanabe 1998

gesehen, die Religion zu respektieren. Aber in ihrem Inneren betrachten sie sie nur als ein Instrument für ihre verschwörerische Absicht, die einfachen Leute zu einigen und zu disziplinieren."[68] Ein anderer Mitreisender, Sasaki Takayuki, fügte hinzu: *„Die Wissenschaftler glauben nicht an die Religion, weil sie aber in ihr ein Instrument sehen, um die Gesellschaft zu integrieren, lauschen sogar die Offiziellen den Predigten mit einem ernsten Gesicht."*[69] Zu diesem Urteil waren die konfuzianischen Mitglieder der Delegation nicht nur gelangt, weil sie vor allem beobachtet hatten, statt Dialoge zu führen. Dafür spielte am Ende die Ausschlag gebende Rolle, dass sie es nach der Beschäftigung mit der Geschichte vom Kreuzesstod des Gottessohnes und seiner erlösenden Wirkung für die ganze Menschheit für gänzlich unwahrscheinlich hielten, dass gebildete Menschen wirklich selbst ernsthaft an dergleichen glauben könnten.

Es kann also auch bei interreligiösen Diskursen gerade nicht um die Einlösung des Geltungsanspruches eines Wahrheitsverständnisses gehen, sondern nur um die Ermöglichung von Empathie, von Verständnis für die Motive des Anderen. Sobald der Gedanke ins Spiel kommt, auf interreligiöser Ebene ginge es um die Einlösung von Wahrheitsansprüchen, gleitet der Dialoganspruch in einen Dogmenwettstreit ab, der, wenn es zum Schwur kommt, nur in direkten oder indirekten Hierarchisierungsversuchen ausmünden kann. Beim interkulturellen Bürgerdialog hingegen geht es um die Verständigung über die politischen Grundwerte der rechtsstaatlichen Demokratie, in denen alle übereinstimmen müssen, damit die Regeln eines Gemeinwesens respektiert werden, die allen in gleicher Weise den größtmöglichen Spielraum für die Behauptung und Entfaltung ihrer je eigenen religiösen und kulturellen Identität gewährleisten, sofern diese Normen selbst anerkennen.

Die Atmosphäre, die in der politischen Kultur eines Landes entsteht, in dem die einzelnen Religionen und Weltanschauungen ihre Wahrheitsansprüche öffentlich verfechten, ist von gegenseitigem Misstrauen geprägt. In der Bundesrepublik Deutschland und in einer Reihe anderer europäischer Länder macht sie sich bemerkbar. Offenbar entspringt sie

---

[68] Nach Watanabe aaO. (Übersetzung des Verf.)
[69] AaO. (Übersetzung des Verf.)

der Asymmetrie in der Repräsentanz der christlichen und der säkularen Vernunft im öffentlichen Rahmen und dem für alle spürbaren Anspruch vieler Sprecher der christlichen Gemeinschaft, die Wahrheit zu repräsentieren. Aus den selben Gründen, die die Repräsentanten der christlichen Kirchen veranlassen, die Abwesenheit einer kollektiven Repräsentanz säkularer Positionen im öffentlichen Raum so auszulegen, als seien sie nun zur Repräsentanz des Ganzen berufen, neigen viele von ihnen zu der Vorstellung, letzten Endes eben doch sowohl gegen die Agnostiker wie gegen die Andersgläubigen die religiöse Wahrheit zu vertreten und damit die anderen auf einen Prüfstand auch in Glaubensfragen stellen zu dürfen, bei dem ihnen selbst zugleich die Rollen des Gegenspielers und des Schiedsrichters zukommen.

Häufig wird eine solche Haltung begleitet von einer Art Doppelstandard in hermeneutischen Fragen. Er führt den Anderen in eine hermeneutische Falle, aus der es dann scheinbar kein glaubwürdiges Entrinnen mehr geben kann. So lässt sich im Schriftlichen und Mündlichen auf der Seite christlicher Proponenten, die im interreligiösen Dialog „die Wahrheitsfrage stellen" wollen, ein Vorgehen beobachten, wohl kaum als gewählte Taktik, eher aus Mangel an Selbstreflexion, die den islamischen Dialogpartner auf die ihm heiligen ursprünglichen Texte festlegen möchte, mit dem Argument, modernisierende Auslegungen seien letztlich doch nur unglaubwürdige Oberflächenkonzessionen an die Dialogsituation, während man selber den Ausgangspunkt einer differenzierten hermeneutischen Deutung der Quellen des eigenen Glaubens bevorzugt, die mitunter substantielle Transformationen der alten Texte darstellen. Wer von den Anderen aber von vornherein auf der Position der alten Texte verharrt, ist ohnehin der Demokratiefeindschaft verdächtig. Einen „richtigen" Weg für die Verbindung von Frömmigkeit und demokratischer Bürgerschaft lässt ein solches Verfahren dem Anderen nicht offen. So entsteht Misstrauen auf beiden Seiten.

Wenn der religiös-politische Fundamentalismus auch dadurch gekennzeichnet ist, dass er die hermeneutische Grundsituation, in der religiöse Erkenntnis unweigerlich steht, überspringen möchte, um eine ursprüngliche Offenbarungswahrheit gleichsam mit Händen unmittelbar zu greifen, so läuft die beschriebene Voreingenommenheit auf einen *her-*

meneutischen Dualismus hinaus. Für die eigenen Glaubensüberzeugungen wird die subtilste Hermeneutik als Grundvoraussetzung und Wahrheitsfähigkeit in Anspruch genommen, während sie für dasselbe Verfahren für die andere Seite eher als opportunistische Unglaubwürdigkeit mit einem Ruch von Eifer und Unaufrichtigkeit verbucht wird.

Worum es beim Dialog der religiös bestimmten Kulturen in der rechtsstaatlichen Demokratie allein gehen kann, ist ein Verständigung über die sozio-politischen Grundwerte, die alle teilen müssen, damit das gleiche Recht jeder Religion auf die Wahrung ihrer Identität von allen verstanden, gemeinsam begründet und dadurch für alle garantiert werden kann. Diese politisch kulturelle Verständigung wird gerade dadurch erst möglich, dass Wahrheitsansprüche oberhalb ihrer Geltungssphäre von allen anderen nicht in Frage gestellt werden. Die heimlichen oder offenen Hierarchisierungsversuche, die immer im Spiel sind, wo diese Grundregel der liberalen Demokratie verletzt wird, kränken nicht nur das legitime Anerkennungsbedürfnis des Anderen, sie widersprechen auch dem, was allein legitime Leitkultur des demokratischen Rechtsstaats sein darf, nämlich die Demokratie selbst.

IV Die Herausforderung

12 Motive und Gründe

In dem zum Paradigma eines angemessenen Verständnisses des Verhältnisses von Religion und Staat gewordenen Diktum *Wolfgang Böckenfördes*, verkörpert der erste Teil eine modernisierte Fassung der kantischen Unterscheidung von Begründung und Motivation[70]: *Der Staat kann die Motivation nicht gewährleisten, die ein Handeln nach den Grundwerten möglich machen, die ihn konstituieren.* Das können nur intakte Verhältnisse gelebter Überzeugungen in gesellschaftlichen Milieus, die sie hervorbringen und in dichter sozialer Einbettung dauerhaft erfolgreich einfordern. Wollte der demokratische Rechtsstaat in die Gesellschaft durchgreifen, um dort die Bedingungen so zu ordnen, dass die entsprechenden Milieus in ihrer Organisations- und Funktionsweise oder wohlmöglich gar in den Inhalten ihrer sinnstiftenden Orientierungsangebote die Motivation verlässlich und dauerhaft erzeugen, von denen er selbst lebt, so müsste er sich in der Tat in seinem eigenen normativen Anspruch selbst dementieren. Darüber hinaus wäre ein solches Unterfangen aber, wie die Geschichte des zwanzigsten Jahrhunderts überzeugend belegt, zum Scheitern verurteilt und würde auf die Dauer eher denjenigen Argumenten und Motiven zugute kommen, die sich gegen solche Verhältnisse im Namen der Bürgerfreiheit zur Wehr setzten. Soviel jedenfalls ist unstrittig am berühmten Diktum Böckenfördes.

Damit ist aber der viel weiter gehende Schluss, der in dessen zweiter Hälfte gezogen wird, in keiner Weise gedeckt. Dort ist nämlich davon die Rede, dass der demokratische Rechtsstaat den Schritt ins Totalitäre schon unternimmt, sobald er einen Werteunterricht an seinen Schulen verbindlich macht, der der Begründung jener politischen Grundwerte gewidmet

---

[70] Böckenförde 1991

ist, die seine Institutionen und die politische Kultur, die sie trägt, möglich machen. Diese Grundwerte, allen voran Freiheit, Gerechtigkeit, Solidarität, Pluralismus, Toleranz, Anerkennung des Anderen, Verantwortung, Beteiligung, um die Wichtigsten zu nennen, sind einer profan vernünftigen Begründung fähig, die vollkommen unabhängig ist von spezifischen Glaubensüberzeugungen oder konfessionellen Bindungen. Wären sie es nicht, so hätte eine politische Kultur der Demokratie in kulturell pluralistischen Gesellschaften keine Chance.

Die praktische Philosophie der Gegenwart führt dies in zahlreichen Varianten vor, die in je unterschiedlicher Annäherung Argumente für den Geltungsanspruch dieser politischen Grundwerte bieten und zwar, wie es sich auch für einen Unterricht an Schulen der Demokratie gehört, in der offenen und kritischen Abwägung aller Argumente und Gegenargumente. Nicht nur die Annäherung an die Ziele eines solchen Ethikunterrichts, also die überzeugende Grundlegung der politischen Grundwerte selbst, sondern auch der Prozess, in dem sie erarbeitet wird, nämlich die Fähigkeit zum Verständnis und zum Führen einer argumentativen Debatte, sind kulturelle Lebensbedingungen der rechtsstaatlichen Demokratie, auf die in geeigneter Weise hinzuwirken dem wertgestützten Staat nicht nur erlaubt sein muss. Derlei gehört vielmehr zu seinen primären Verpflichtungen und ist durch denselben Akt der Konstitutionalisierung legitimiert, in dem die Bürgerinnen und Bürger sich wechselseitig die unverlierbaren Grundrechte und die demokratische Gleichheit als Bürger garantieren. Entgegen der Befürchtung Böckenfördes ist ein solcher Unterricht, wenn er nicht in den vergeblichen Formen der versuchten Überwältigung der nachwachsenden Generationen geschieht, gerade nicht tagespolitisch immunisierend, sondern potentiell subversiv, weil er gegen die Hinnahme des Handelns der politischen Macht sensibilisiert, sobald sie diese Grundwerte verletzt.

Einer nachwachsenden Generation, die die guten Gründe für Freiheit, Gerechtigkeit und Solidarität genau kennt, weil sie sich bereits in einem konfessions- und kulturübergreifendem Unterricht damit systematisch auseinandersetzen konnte, und die auch über Maßstäbe verfügt, nach denen diese Werte in konkreter Lage Anwendung finden können, wird dem tagespolitischen Staatshandeln genauer und kritischer auf die

Finger schauen können, als den Urhebern dieser Lehrpläne lieb sein mag. Richtig bleibt aber, dass auch die besten Gründe nicht schon selber die vollständigen Motive ihrer Befolgung im praktischen Handeln enthalten[71]. Dafür scheinen, nach aller bisherigen Erfahrung, eben jene lebensweltlichen Sozialmilieus und Sinngemeinschaften zuständig, die den Einzelnen in gewisser Weise ein Leben lang mahnen und stützen können.

Allerdings, und dass ist die andere, in Böckenfördes Diktum nicht zur Sprache gebrachten Seite der Wahrheit, gilt eben auch, dass außer in den institutionellen Garantien demokratischer Rechtsstaatlichkeit die politischen Motive gesellschaftlicher Sinngemeinschaften keine sichere Wegweisung finden, um auf die Dauer und unter allen Umständen mit den politischen Grundwerten einer liberalen Demokratie im Einklang zu bleiben. Diese Zivilisierungsleistung der Religionen und Weltanschauungen ist der spezifische Beitrag der institutionalisierten Demokratie zum Erhalt ihrer eigenen Wertvoraussetzungen im Bewusstsein der Bürgerinnen und Bürger.

Erst wenn der Staat im Unterricht oder in anderen Teilen der Gesellschaftskultur über die guten Gründe hinaus, auf denen seine eigene Legitimation beruht und die seine politischen Grundwerte fundieren, eine weltanschauliche Immunisierung versuchen wollte, die die guten Gründe und das Recht der Kritik an ihnen durch unhinterfragbare Gewissheiten und transzendente Sinnmuster ersetzt, verfiele er zu Recht dem Verdikt, das Böckenförde mangels Unterscheidung zwischen Motiv und Gründen zu unrecht schon auf den Werte begründenden Unterricht beziehen möchte.

Jürgen Habermas bringt in seinem Spätwerk in zunehmendem Maße ein Motiv zu Ehren, das in der kritischen Theorie der *Frankfurter Schule* immer eine zentrale, wenn auch selten explizit ausformulierte und begründete Rolle gespielt hat. Es geht um die Rettung der Sinngehalte und Verheißungen der religiösen Überlieferung in die Sprache und die Denkwelten der Säkularisierung. Im Unterschied zu *Max Horkheimer* und *Theodor W. Adorno*, denen es um Wahrung des großen Versöhnungsversprechens der religiösen Tradition als Perspektive eines nicht mehr ent-

---

[71] Winch 1996, 2002

fremdeten gesellschaftlichen Zusammenlebens oder doch wenigstens als Prämisse der Kritik des entfremdeten Lebens ging, vertritt Habermas in seiner *Theorie des kommunikativen Handelns* eine vordergründig bescheidenere, nämlich bloß prozedurale Version des Erlösungsversprechens. Es äußert sich bei ihm im Kern seiner politischen Philosophie nur noch in der aristotelischen Vision des politischen Prozesses als Verständigungshandeln, in dem sich in letzter Instanz alle Widersprüche und Interessen, wenigstens im öffentlichen Raum, auflösen sollen, sofern sie nicht in gute Argumente überführt und daher in einer vernünftig motivierten Übereinstimmung aufgelöst werden können. Das ist die regulative Legitimationsidee einer deliberativen Demokratie, die darauf vertraut, dass alle politischen Gestaltungsansprüche im Raume der demokratischen Öffentlichkeit letzten Endes unter dem Vorbehalt stehen, mit einer Idee des Gemeinwohls verträglich zu sein, auf die sich die Bürgerinnen und Bürger verständigen können. Die deliberative Öffentlichkeit der verfassten Demokratie ist nichts anderes als der Prozess, in dem diese Idee der Absicht nach eingelöst werden soll. Das ist eine Art *Versöhnung durch Verfahren*.

Habermas geht es in seinem Spätwerk aber um mehr. Er will auch für die in der Sprache der Religion eingelassenen symbolischen Ressourcen des Lebenssinns und der ethischen Tabus eine Art öffentliche Schutzklausel in Kraft setzen und zwar nicht allein für die Gläubigen selbst, die ihrer nicht bedürften, sondern offenbar gerade auch für jene, die wie er selbst „religiös unmusikalisch" sind[72]. Bei dieser Empfehlung spielen ein funktionalistisches Argument und das von *Hans Jonas* formulierte Argument der Ehrfurcht vor dem, was wir zwar zerstören, aber nicht selbst neu schaffen können, eine motivierende Rolle.

Das funktionalistische Argument verweist auf die überlegene Motivationskraft religiöser Überzeugungen im Hinblick auf die ethisch politischen Grundwerte, die ein Gemeinwesen begründen und tragen können. Im Argument der Ehrfurcht kommt das Motiv der kritischen Theorie zur Geltung, das alle großen Versprechungen und Hoffnungen der Religionen ein untilgbarer Auftrag der Geschichte bleiben und zwar auch dann,

---

[72] Habermas 2001

wenn wir in unserer eigenen Zeit nicht wissen, ob und wie wir ihn einmal einlösen können.

Für Habermas darf folglich der melancholische Befund *Max Webers*, dass der Prozess der Modernisierung nun einmal unvermeidlich einer fortschreitenden Entzauberung der Welt gleich komme, nicht das letzte Wort bleiben. Daher, so der praktische Zweck des Plädoyers, solle auch den mit den Mitteln der säkularen Vernunft nicht beglaubigten ethischen und sinnverheißenden Ansprüchen der Religion im öffentlichen Raum, man muss wohl mit Hans Jonas sagen, eine *Ehrfurcht* entgegen gebracht werden, die sich aus der generellen Annahme speist, in diesem Glauben sei ein überlegenes Wissen verkapselt, das sich mit den Mitteln der säkularen Vernunft nicht jederzeit gänzlich entschlüsseln lasse, aber dadurch auch in seinem politischen Gebrauch nicht gänzlich dementiert sei.

Habermas' Formulierungen lassen es in gewisser Weise offen, ob er damit in den ethischen Fragen, die Anfang und Ende des menschlichen Lebens betreffen, zu einem ähnlichen Parallelismus von Glaube und Vernunft gelangen will, wie ihn Ratzinger in Anspruch nimmt, oder nur eine Art Vorsichtsregel für die säkulare Vernunft beim Umgang mit den Produkten der religiösen Überlieferung für die Fälle empfiehlt, in denen die religiös begründete Ethik in diesem Bereich über das hinaus greift, was mit vernünftigen Argumenten zunächst begründet werden kann.

Im ersten Falle entstünde eine Variante des extra-rationalen Artenschutzes für bestimmte ethisch-politische Forderungen und Gemeinschaften, die das Konzept einer deliberativen Öffentlichkeit im Rahmen liberaler Demokratien selbst in Frage stellen würde. Im zweiten Falle begründete das Postulat Argumente für einen andersartigen politischen Umgang mit Fragen dieser Art, als er bei den üblichen politischen Entscheidungsmaterien angemessen und vertretbar erscheint. Weil politische Fragen dieser Art nicht nur die gerechte Berücksichtigung von Interessen betreffen, sondern auf den Bereich der Letzten Sinn- und Verantwortungsentscheidungen verweisen, bedürfen sie in der Tat eines sensibleren Zugangs als dem der üblichen Kompromissroutine.

13 Glaube, Lebenswelt, Staat

Neben Motiven der Abwehr der fundamentalistischen Herausforderung sind es vor allem diese neuen Schlüsselfragen in den moralisch besonders explosiven Handlungsbereichen zwischen Leben und Tod, in den Grenzregionen zwischen Ethik, Moral, Religion und Politik, die der Resakralisierung des öffentlichen Raums Vorschub leisten. Sie haben ungewohnte, teils heftige Spannungen ausgelöst, die in fast allen modernen Gesellschaften nicht nur unvermindert anhalten, sondern bei gegebenem Anlass immer wieder vehement aufbrechen. Die Sprecher der christlichen Religionsgemeinschaften fühlen sich in dieser, die ganze Gesellschaft beunruhigenden Situation zu Wächtern einer scheinbar klaren und zwingenden Grenze berufen, die sie selber markieren und deren öffentliche Verteidigung in ihrem Sinne sie von der Politik des demokratischen Rechtsstaates einfordern.

Ulrich Beck zufolge verwischen sich durch die neuen Handlungsmöglichkeiten die Differenzen zwischen dem Privaten und dem Politischen. Das Private werde politisch, indem es sich bei Entscheidungen in diesen Handlungsfeldern unmittelbar an die Stelle der eigentlich zuständigen Institutionen -Parlamente, Regierungen, Verwaltungen – setze, denen bei politischen Entscheidungsfragen dieser Dimension eigentlich die Entscheidungsverantwortung vorbehalten bleiben müsse. Welche Antworten die unterschiedlichen Menschen in unserer Zeit aber auf solche Grundfragen des Lebens finden – vom Schwangerschaftsabbruch, über die Prä-Implantationsdiagnostik bis hin zur planmäßigen Veränderung des Erbgutes und der Sterbehilfe – das hänge nun ausschließlich von ihrer jeweiligen persönlichen Ethik ab, weil sich zu alldem unter den ethisch-kulturellen Bedingungen der Gegenwart kein übergreifender politischer Konsens mehr stiften lässt. Grundfragen des Lebensschutzes, die ihrer Natur nach unvermeidlich politisch sind, würden durch die neuen Handlungsmöglichkeiten der Bio- und Medizintechnik daher notgedrungen privatisiert.

Ein unvermeidlicher fortwährender Zusammenprall der Fundamentalismen persönlicher Lebens-Ethiken, der weder begründungs- noch kompromissfähigen letzten Grundpositionen der Einzelnen sei darum das Zukunftsschicksal dieser neuen Art privatisierter Politik. In diesem Szenario gerät das Politische in ein unauflösbares Dilemma durch seine zwar unvermeidliche, im Prinzip aber ebenso unangemessene Entkoppelung von der gesellschaftlich vorherrschenden Ethik, da diese in sich selbst unheilbar gespalten ist. Die Entscheidungen, um die es geht, bleiben, so das Argument Becks, in der Sache selbst unbedingt politisch, während die Entscheidungsverfahren mangels der Aussicht auf Einigung oder sogar Verhandelbarkeit der umstrittenen Fragen dem politischen Entscheidungsprozess entzogen werden müssen.

Man muss kein Fundamentalist sein, um sich, sollte dies die eingetretene oder drohende Lage treffend beschreiben, vehement zu Wort zu melden. Die Einschätzung, dass eine solche Entwicklung drohe oder schon begonnen habe, mag viel zum Anspruch der Kirchevertreter beigetragen haben, in diesen Handlungsbereichen die Definition der ethischen Grenzen im Namen des ganzen Gemeinwesens zu übernehmen und das Primat der Politik, Fragen dieses Gewichts fort geltend für alle verbindlich zu regeln, kompromisslos zu verteidigen. Doch ist dies die wirkliche Alternative: Privatisierung oder Dogmatisierung auf der Basis der alten Bestände?

Die meisten dieser ethischen Fragen beziehen sich auf Sachverhalte, die in der menschlichen Geschichte ohne Beispiel sind. Sie sind durch wissenschaftlich-technische Revolutionen der allerjüngsten Zeit erst möglich. Dazu gehören Möglichkeiten wie die Befruchtung der Eizellen außerhalb des Körpers der Frau (*In-Vitro-Fertilisation*), sei es mit dem Samen des eigenen oder eines fremden Mannes, die Gentechnologie mit ihren neuartigen Möglichkeiten der vorgeburtlichen Diagnose von Erbkrankheiten und der Abtreibung vorgeburtlichen menschlichen Lebens, sowie die Möglichkeiten der Lebenserhaltung zu eigener Entscheidung nicht mehr befähigter schwerstverletzter und schwerstkranker Menschen, die ohne die medizinisch-technische Apparatur nicht mehr lebensfähig wären, durch neue Methoden der Intensivmedizin. Hinzu kommt die schwierige Frage nach dem sicheren Kriterium für den genauen Todeseintritt, die unter anderem bei der Organentnahme bedeutsam ist.

Diese neuen Fragen gewinnen dadurch zusätzliche Brisanz, dass sich innerhalb der modernen Gesellschaften der ehedem bestehende enge

Konsens über die wesentlichen ethischen und moralischen Fragen lockert und einem ethischen Pluralismus weicht, der nunmehr auch Kernfragen des Lebens selbst erreicht. Da aber der Schutz des Lebens und die menschliche Selbstbestimmung, die von all diesen Fragen berührt werden, zu den höchsten Rechtsgütern in den Verfassungen der modernen rechtsstaatlichen Demokratie gehören, stellen sie unweigerlich grundlegende Herausforderungen an deren Selbstverständnis und Handlungsfähigkeit. Was kann und muss in diesen Bereichen noch politisch geregelt werden und was darf der ethischen Selbstbestimmung des Einzelnen und der gesellschaftlichen Gruppen mit ihren jeweils besonderen Ethiken überlassen bleiben? Der Notausgang aus dem Dilemma, alle Entscheidungen dieser Kategorie kurzerhand zu privatisieren, würde wohl einen ethischen Bürgerkrieg auslösen ist, weil allzu viele nicht bereit wären, die politische Mitverantwortung dafür zu tragen, in einer solchen Gesellschaft zu leben. So viel scheint legitim am Anspruch der Kirchen, die ethische Führungsrolle zu übernehmen, wenn andernfalls Regellosigkeit droht. Das kann aber die neuen Probleme nicht wirklich lösen, weil die neuen biomedizinischen Handlungschancen dazu geführt haben, dass das ehedem ethisch Eindeutige im Verhältnis von Lebensschutz und Selbstbestimmung, nun in der Sache selbst mehrdeutig geworden ist.

Die politischen Legitimationsideen der Moderne, Menschenrechte und Demokratie, basieren ja auch auf dem kulturellen Grundkonsens, dass der Schutz des menschlichen Lebens, die Unverfügbarkeit des Individuums und die individuelle Selbstbestimmung im Rahmen der gleichen Rechte aller, die höchsten Rechtsgüter für die politische Verfassung und in diesem Sinne Zweck und Grenze des politischen Gemeinwesens darstellen. Dieser kulturelle Grundkonsens wird nun aber durch die neuen oder neu belebten Möglichkeiten der Biomedizin in Frage gestellt. Damit geraten die Grundlagen der Legitimation politischen Handelns ihrerseits in folgenreicher und im Ergebnis noch nicht absehbarer Weise auf den Prüfstand[73].

Auf dem Gebiet der molekular-biologischen Forschung an embryonalen Stammzellen geht es um die zwischen großen Teilen der Gesell-

---

[73] Geyer 2001

schaft zutiefst umstrittene Frage, ob die wissenschaftlich erstrebten Experimente nach Maßgabe der Norm der Wissenschaftsfreiheit und der humanen Norm des Heilens menschlichen Leids zulässig sein sollen. Oder ob sie strikt zu verbieten sind, da die für solche Forschungen benötigten embryonalen Stammzellen nur dadurch gewonnen werden können, dass ein im Prinzip lebensfähiges menschliches Embryo getötet wird. Die eine Seite vertritt in dieser Auseinandersetzung das Argument, menschliches Leben entstehe im Augenblick der Befruchtung der Eizelle und stehe fortan unter dem vollen Schutz des Tötungsverbots der Rechtsordnung. Dieses folge aus der obersten Verfassungsnorm der Unantastbarkeit der menschlichen Würde. Somit seien alle Handlungen, die dem zuwider laufen, und damit auch die embryonale Stammzellenforschung, nicht nur moralisch, sondern auch gesetzlich strikt zu verbieten. Die andere Seite führt dagegen zwei Argumente an. Zum einen sei das unter dem uneingeschränkten Schutz der rechtsstaatlichen Verfassung stehende Gut erst das geborene menschliche Leben. Und zum anderen sei das menschliche Recht auf Heilung von schweren Krankheiten ebenfalls ein hohes Rechtsgut und in der Abwägung unter Umständen höher zu werten als die Rechte des noch ungeborenen menschliche Leben. Auch das ungeborene Leben genießt nach dieser Auffassung weitgehende Schutzrechte, sei aber im Gegensatz zum absolut geschützten *geborenen* menschlichen Leben für Abwägungen mit anderen hohen Rechtsgütern, die das menschliche Leben betreffen, zugänglich.

In dieser Auseinandersetzung ist also fragwürdig geworden, zu welchem Zeitpunkt seiner Entwicklung genau dasjenige menschliche Leben beginnt, das unter dem absoluten, nicht abwägbaren Schutz der Norm der Unantastbarkeit der menschlichen Würde steht: schon im Augenblick der Befruchtung oder erst mit der Geburt. Konsens zwischen den Vertretern dieser unterschiedlichen Ethik des Lebensbeginns besteht dabei darin, dass die Definition des Beginns des menschlichen Lebens nicht allein aus biologischen Tatbeständen folgt, sondern ein Ergebnis ethisch-kultureller Zuschreibung ist. In dieser, das oberste Rechtsgut der Verfassung berührenden Frage ist also, wie die Kontroverse zeigt, der kulturelle Grundkonsens, den rechtsstaatlich-demokratische Politik in einer solchen zentralen Gemeinschaftsfrage verlangt, nicht mehr gegeben. Jede Seite verlangt aber, da es für sie um eine elementare ethische Lebensentscheidung geht, die Anerkennung ihrer ethischen Grundentscheidung durch die ganze Gesellschaft.

Die Selbstbestimmung des Menschen über das eigene Leben, das Recht der privaten autonomen Entscheidungsfreiheit, ist neben dem Schutz des Lebens eines der wichtigsten Grundrechte. Mehrere unterschiedliche Entwicklungen haben seit einiger Zeit die Frage aufgeworfen, ob zur Selbstbestimmung über das eigenen Leben auch das selbstbestimmte Sterben gehöre. Zu diesen Entwicklungen gehört einerseits die Verlängerung der durchschnittlichen menschlichen Lebensspanne durch die Fortschritte der Medizin mit der Folge, dass immer mehr Menschen ein sehr hohes Alter erreichen. Manche von ihnen erleben in der Endphase ihres Lebens schwersten Behinderungen oder nicht mehr zu heilende Leiden, die in ihnen den Entschluss zu einem selbstbestimmten Sterben reifen lassen, weil sie spüren, dass sie ein Leben in Würde, wie sie es sehen, nicht mehr führen können. Hinzu kommt, dass die moderne Intensivmedizin das Weiterleben von Menschen mit schwersten Behinderungen oder Verletzungen möglich macht, die ohne die medizinische Apparatur nicht lebensfähig wären. Manche von ihnen sind dabei dauerhaft ohne Bewusstsein oder handlungsunfähig und haben in einem früheren Abschnitt ihres Lebens bekundet, dass sie bei Eintritt einer solchen Situation den Tod wünschen. Dies betrifft die passive Sterbehilfe durch das Abschalten der allein noch das Leben erhaltenden medizinischen Apparatur. Hier ist, in der jeweiligen Sicht der Konfliktparteien, das Rechtsgut eines Lebens in menschlicher Würde in Frage gestellt.

In den Debatten über aktive Sterbehilfe ist darüber hinaus die Frage aufgeworfen worden, ob Menschen, die infolge unheilbar schwerer Krankheiten, etwa einem tödlichen Krebs oder voranschreitender Lähmung, den Wunsch zum Sterben haben, das Recht in Anspruch nehmen können, unter bestimmten Bedingungen ärztliche Hilfe für einen schmerzlosen und nach ihrem eigenen Verständnis würdigen Tod zu finden. Der Freitod und die Beihilfe zu ihm sind wegen der Natur der Sache ja straffrei, aber ebenso der gescheiterte Versuch dazu. Die Tötung auf Verlangen hingegen ist ein schwerwiegender Straftatbestand. Die „passive Sterbehilfe", das Abschalten der medizinischen Apparatur, wo nur noch sie allein das Lebens eines bewusstlosen Patienten noch erhält, der zuvor bekundet hat, dass er in einem solchen Fall zu sterben wünscht, ist ebenfalls straffrei. Sollte daher nicht konsequenterweise auch, so lautet die umstrittene ethische Frage, die „aktive Strebhilfe", die ärztliche Tötung auf Verlangen, in den Fällen straffrei sein, in denen der den Tod begehrende Mensch für sich keine Aussicht auf ein selbstbestimmtes Leben in Würde mehr sieht?

In Belgien und den Niederlanden hat eine solche Regelung nach heftigen Debatten Gesetzeskraft erlangt, trotz der christlichen Mehrheiten in den jeweiligen Gesellschaften. In der Bundesrepublik bleibt die Frage leidenschaftlich umstritten, vor allem in Erinnerung an das staatlich erzwungene „Euthanasieprogramm" der Nazi-Diktatur gegen behinderte Menschen. In Zweifel gerät wiederum unser Verständnis vom menschlichen Leben selbst. Darf sich die Selbstbestimmung über das eigene Leben in der Weise auf das eigenen Sterben erstrecken, dass medizinische Hilfe, die ja nach traditionsreicher ärztlicher Ethik allein Hilfe zu Gesundheit und Leben sein soll, zur Tötung menschlichen Lebens in Anspruch genommen werden darf? Oder ist das Leben etwas dem Menschen für ihn selber unverfügbar Gegebenes. Verschwimmt andernfalls nicht die Grenze zwischen Leben und Tod heillos, wird nicht das Rechtsgut des Lebensschutzes allmählich relativiert?

Auch bei dieser Frage wird eine alte, von der christlichen Kultur Europas über viele Jahrhunderte hinweg ausgeprägt kulturelle Selbstverständlichkeit in Frage gestellt. Nun ist umstritten, was die der rechtsstaatlichen Demokratie zugrunde liegende Vorstellungen von der Selbstbestimmung des Menschen und vom Schutz des Lebens in der neuen Situation bedeuten sollen. Selbstbestimmung und Leben finden unterschiedliche ethische Auslegungen, die gleichermaßen den Anspruch erheben, nicht mehr als eine zeitgemäße Deutung der kulturell selbstverständlichen Werte zu sein. Wie kann unter diesen Umständen ein politischer Konsens über gesetzliche Regeln noch zustande kommen, auf die jede Seite mit Bezug auf ihr Verständnis dieser obersten Rechtsgüter Anspruch erhebt?

In jüngster Zeit ist das menschliche Genom entschlüsselt worden mit der Folge, dass eine wachsende Zahl genetischer Erbkrankheiten schon kurz nach der Befruchtung festgestellt werden kann. Im Falle der Befruchtung außerhalb des menschlichen Körpers der Frau kann die Erkenntnis genetischer Defekte schon die Entscheidung beeinflussen, ob das Embryo überhaupt in den Mutterleib eingepflanzt werden oder absterben soll. Im Falle der natürlichen Befruchtung entsteht im gegebenen Falle die Frage der Schwangerschaftsunterbrechung. Ist es zu verantworten, so fragen die einen, Menschen ins Leben treten zu lassen, die wegen schwerster Behinderung voraussichtlich nie selbstbestimmt handeln können. Darf im Falle der *In-Vitro-Fertilisation,* so fragen die anderen, überhaupt eine Genanalyse vorgenommen werden, die ja offenkundig stets das Ziel verfolgt, bei entdeckten Gen-Schäden das betroffene Embryo sterben zu lassen? Dürfen wir vorgeburtliches behindertes Leben geringer achten als unbehindertes und nach eigenem Ermessen vor der Geburt beenden? Welche Folgen hat das für die in unserer Gesellschaft lebenden behinderten Menschen. Würden sie in der Folge der Normalisierung der vorgeburtliche Tötung menschlichen Lebens womöglich als Wesen betrachtet, deren Exstenz eigentlich zu verhindern gewesen wäre? Wird damit ihre Menschenwürde nicht systematisch verletzt?

Noch gravierender sind die Fragen, die aus den konstruktiven Möglichkeiten der Gentechnik entstehen. Dürfen wir durch zielgerichtete Gen-Veränderung nach dem Wunsch der Eltern oder Dritter künftig Menschen nach gewollten Merkmalen herstellen, z.B. mit besonderer Musikalität, Schönheitsmerkmalen, Kraft, Ausdauer oder was immer. Abgesehen davon, dass solche Möglichkeiten in absehbarer Zeit in zuverlässiger Weise gentechnisch noch gar nicht gegeben sind, entsteht doch heute schon die beunruhigende Frage, ob solche genetischen Konstruktionen menschlicher Wesen nach dem Willen Dritter moralisch zulässig und rechtlich erlaubt sein sollten. Würden wir mit ihrer zielstrebigen Nutzung menschliches Leben auf eine Weise „optimieren", die die Vermutung rechtfertigt, die so erzeugten Menschen würden später der Manipulation ihrer Entstehung nachträglich in Freuden zustimmen?

Oder entstehen auf solche Weise Wesen, die von vornherein ihrer Würde beraubt sind, da sie schon in ihrem inneren Wesen das Produkt des Willens anderer Menschen sind[74] ? Untergraben wir daher auf diese Weise die biologischen und kulturellen Voraussetzungen dessen, was wir bisher unter Menschsein und menschlicher Würde verstanden und in der Moderne den rechtlichen und politischen Formen unseres Zusammenlebens immer als kulturelle Selbstverständlichkeit zugrunde gelegt haben? Wird nicht auf diese Weise schon die Voraussetzung der menschlichen Würde selbst in Frage gestellt?

Die ethischen Grundwertekonflikte, die, wie die grobe Skizze andeuten mag, die neuen Handlungsmöglichkeiten tatsächlich aufwerfen, aus einer der Bewertungsperspektiven heraus für alle verbindlich auflösen zu wollen, wäre in der Tat eine Flucht in den Fundamentalismus, denn dessen Kennzeichen ist ja gerade der Anspruch, eine Gruppenethik zur allgemeinen Moral zu erheben und diese mit den Mitteln der politischen Macht für alle, auch die ethisch Widerstrebenden, verbindlich zu machen. Problematisch ist dabei nicht das öffentliche Geltendmachen ethischer Ansprüche für die politische Regelung, sondern eine Haltung, die sich der kulturellen und politischen Verständigung über das Umstrittene enthoben wähnt. Wenn solche Bestrebungen Erfolg haben, können sie die ethisch-kulturellen Grundlagen des Gemeinwesens, statt sie zu festigen, am Ende vielmehr zerstören, weil der eine Teil der Konfliktparteien dann in der Gewissheit lebte, seine moralischen und politischen Verantwortung fortwährend zu verletzen, wenn er die gravierenden Moralverletzungen und Rechtsbrüche des anderen Teils duldet? Darum kann der Ausweg aus dem Dilemma weder in der Dogmatisierung noch in der Privatisierung, weder in der Herrschaft des einen „Fundamentalismus", noch in der Privatisierung der „Fundamentalismen" liegen. Was aber liegt zwischen beiden?

Die Frage, welche gesellschaftlichen Entscheidungsprobleme und welche moralischen Regelungsansprüche in einer Gesellschaft jeweils als politische gelten, kann selbst nur in einem legitimen politischen Verfahren geregelt werden. Sie ergibt sich nicht vollständig aus den moralischen Normen selbst, sondern ist ihrerseits eine politische Angelegenheit. Zwei der historische Handlungsbereiche, die in der Moderne erst spät

---

[74] Habermas 2001

und nach langem Ringen politisiert werden konnten, sind die Sozialpolitik und die Geschlechtergleichstellung. Prinzipiell wäre es gewiss möglich, Handlungsbereiche, die ehedem als politische galten und darum nur in dem als legitim geltenden politischen Entscheidungsverfahren geregelt werden konnten, im Zuge der historischen Entwicklung, etwa aufgrund eines Wandels in den ethischen Orientierungen der Gesellschaft, im allgemeinen Konsens, also in einem legitimen politischen Verfahren, auch wieder zu privatisieren. Der Konsens dazu fehlt im Falle der neuen ethischen Fragen ja aber gerade. Was ethisch umstritten bleibt, ist gerade die Meta-Entscheidung, ob Entscheidungen dieser Art legitimer Weise privatisiert werden dürfen oder auch künftig zum Kernbereich der für die ganze Gesellschaft verbindlich zu regelnden Angelegenheiten gehören müssen. Mindestens eine Seite, die Kirchen, beharrt in dieser Kontroverse darauf, dass die Streitfragen wegen ihres nicht verhandelbaren absoluten ethischen Status für alle verbindlich, also politisch geregelt werden müssen.

Einen Königsweg aus diesem Dilemma kann es nicht geben. Aber es gibt Wege der Annäherung an seine nicht-fundamentalistische Auflösung. Da ja nicht der unbedingte Wert der obersten moralischen Normen und Rechtsgüter selbst umstritten ist, sondern nur die Frage ihrer Konkretisierung im Hinblick auf die neuen Handlungsmöglichkeiten, besteht ein hohes Potential der Verständigung über die unterschiedlichen Auffassungen, das die Aussicht auf die Rückgewinnung gemeinsamer politischer Handlungsfähigkeit offen hält[75]. Die entscheidende Chance dafür ist die wechselseitige Anerkennung der moralischen Integrität der Kontrahenten, die aus der Tatsache folgt, dass sie die obersten Werte selbst gleichermaßen wahren und schützen wollen.

Daraus folgt die Verpflichtung zum ernsthaften und nachhaltigen Bestreben, die Motive, Wertentscheidungen und Ziele der anderen Seite genau und unvoreingenommen zu verstehen, statt die Gunst einer situativ gegebenen Mehrheit für politisch überwältigende Festlegungen zu nutzen. In dem Maße wie jeder Seite in einem kulturellen Prozess der Wertverständigung klar werden kann, dass nicht die fundamentalistische

---

[75] Dworkin 1994

Alternative „Werteverteidigung" gegen „Wertverrat" zur Debatte steht, sondern begründbare Unterschiede im Verständnis derselben Grundwerte, beginnt die Selbstrelativierung der eigenen Position im politischen Gemeinwesen. Das Bewusstsein, etwas gegen andere erzwingen zu müssen, kann allmählich dem Bewusstsein weichen, Kompromisse zwischen gleichermaßen begründbaren Regelungsansprüchen suchen zu sollen und zwar gerade, wenn es um ethische Differenzen geht.

Auf diese Weise öffnen sich pragmatische Lösungswege, auf denen wirklicher Missbrauch gemeinsam definiert und ausgeschlossen wird, wie etwa eine unbegründete Schwangerschaftsunterbrechung in jedem Stadium der Schwangerschaft, sowie Ausnahmeregeln gefunden werden können, die unter genau definierten Bedingungen auch die alternativen Wertentscheidungen zum Zuge kommen lassen, wie etwa die Abtreibung in besonders zu begründenden Fällen von Rechtsgüterkonflikten. Solche Mischlösungen sind auch im ethischen Konfliktfeld alles andere als faule Kompromisse. Ohnehin ist der verantwortliche Kompromiss nicht nur die hohe Schule der Demokratie, sondern, wie auch die liberalen Christen wissen, die Existenzweise des Ideals auf Erden. Pragmatische Mischlösungen der angedeuteten Art entziehen die moralischen Grundfragen nicht der gemeinsamen politischen Beratung und Entscheidung durch übereilte Privatisierung der „Fundamentalismen". Sie halten sie für eine gemeinsame Verständigung offen, zu deren Prozessen und Resultaten alle ein Verhältnis der Mitverantwortung gewinnen können. Die umstrittenen Fragen bleiben vorsichtig im gemeinsamen politischen Entscheidungsprozess, so dass möglichst viele der ethischen Alternativen Berücksichtigung finden und die Ausnahmen in dem Bewusstsein fast aller zugelassen werden, damit letztlich einer ebenfalls begründbaren Ethik Raum gegeben werden kann. Nur das macht den politischen Kompromiss in ethischen Grundfragen, die der gesetzlichen Regelung bedürfen, für alle Seiten erträglich.

Der politische Zusammenhang, die politische Entscheidbarkeit grundlegender Rechtsfragen der Gesellschaft und der Zusammenhang zwischen Rechtsetzung und Ethik des Gemeinwesens bleiben gewahrt, zum beträchtlichen Teil allerdings durch Kompromisse, die keine der beteiligten Seiten ganz befriedigen, aber jeder Seite eine noch als ausreichend empfundene Sicherung ihrer ethischen Ansprüche erlaubt.

In der Bundesrepublik ist ein solcher Kompromiss bei der Gesetzgebung über die Stammzellenforschung im Frühjahr 2002 getroffen worden. Einerseits dürfen keine Embryonen zum Zwecke der Stammzellenforschung getötet werden. Damit ist dem ethischen Interesse derer entsprochen, die schon dem vorgeburtlichen Leben einen absoluten Schutz geben wollen. Andererseits dürfen zum Zeitpunkt der Gesetzgebung bereits bestehende Stammzellenkulturen für die Forschung eingeführt und verwendet werden. Damit ist dem ethischen Interesse derer Raum gegeben, die in der Abwägung zwischen den Lebensrechten des vorgeburtlichen menschlichen Lebens und der Ethik des Heilens schwerer Krankheiten dem letzteren Wert den Vorrang geben.

Eine solche Lösung enthält oft zahlreiche Widersprüche, erscheint aber aus ethischer und politischer Perspektive keineswegs unlogisch. Sie muss und wird nicht das letzte Wort im gemeinsamen moralischpolitischen Abwägungsprozess bleiben. Für ihre Tragfähigkeit kommt es darauf an, dass das Wechselverhältnis zwischen dem kulturellen Prozess der Verständnissuche in ethischen Grundfragen und dem politischen Prozess der entscheidungsorientierten Verständigung lebendig und für neue Erfahrungen und Argumente offen bleibt.

Da keine der rivalisierenden Positionen in den neuen ethischen Konflikten der Gegenwart im demokratischen Gemeinwesen a priori einen überlegenen Geltungsanspruch mehr vorweisen kann, dürfte dessen forcierte Behauptung durch kirchliche Repräsentanten am Ende nur dazu führen, dass die *Beck'sche* Lösung unter den Widerstrebenden Anhänger gewinnt. Dann würden sich die „Fundamentalismen" zunehmend aus gemeinsamen ethisch-politischen Verantwortung entfernen mit dem Ergebnis einer „moralisch neutralen" Politik, um deren unbedingte Verhinderung es den christlichen Dominanzansprüchen doch eigentlich geht – auch eine Dialektik der Ironie Gottes.

14 Das Argument der Grenze

In seiner Predigt zur Eröffnung des Konklaves für die Wahl des neuen Papstes brandmarkte *Kardinal Ratzinger* die Kultur der Gegenwart als eine „Diktatur des Relativismus". Er griff damit sein altes Motiv der Korrekturbedürftigkeit säkularer Vernunft durch den Glauben wieder auf und verlieh ihm eine neue Wendung. Die Diktatur-Formel hat etwas Rhetorisches, fast Propagandistisches, da sie dem *Widerpart* der eigenen Wahrheitsansprüche auf eine radikale Weise die Legitimation bestreiten möchte. Als Heilmittel gegen die „Diktatur des Relativismus" werden die einfachen und ewigen Wahrheiten der katholischen Kirche gereicht, also ein Glaubensabsolutismus, als hätten diese schon immer auf bewährte Art die Werte der Offenheit und Liberalität vor Anfechtungen geschützt.

Diese Begriffstrategie erweckt den Eindruck, als wolle der öffentliche Intellektuelle *Papst Benedikt der XVI* nun mit *begriffstrategischen* Mitteln fortsetzen, was sein Vorgänger vor allem durch die Verführungskraft der großen Bilder als Verkörperung des Glaubens so erfolgreich vorgeführt hatte. Relativismus, freilich in den unantastbaren Grenzen der universellen Grundrechte und der Demokratie, gehören in der Tat zum Wesen der modernen Kultur, eben weil keine einzelne Perspektive der Lebensführung, der Glaubenüberzeugung, der Weltsicht, der Erkenntnis oder der Wissenschaft noch über jene zwingenderen Argumente oder höhere Legitimation verfügt, um sich über die Alternativen zu erheben. Diese aufgeklärte Grundwahrheit der Ringparabel bleibt unüberholbar, solange es gelingt, *kulturelle Diktatur* abzuwehren. Der in die Grundrechte eingebettete Relativismus ist die Wahrheit der kulturellen Moderne. Ihn nun seinerseits als eine Diktatur zu brandmarken, gegenüber der das katholische Dogma sozusagen die Garantie der Freiheit verkörpere, ist entweder ein Kategorienfehler oder ein Propagandatrick.

Der Relativismus der modernen Kultur bedeutet ja nicht, dass es irgendeiner Person verwehrt wäre, für sich eine Wahrheit zu finden und mit Leben zu füllen, sondern nur, dass es eine verbindliche Wahrheit für alle nicht mehr geben wird. Darum ist dieser in Rechte eingebettete Relativismus viel mehr die *Gewährleistung der Wahrheiten*, nämlich des Faktums, dass gerade die ernsthafte Suche nach Wahrheit über die Welt, das

Leben und die letzten Fragen, die Menschen, die diesen Weg beschreiten, zu ganz unterschiedlichen Zielen führen kann. Dieser Pluralismus ist die Bedingung der Möglichkeit von Wahrheit in der modernen Kultur. Wer sie zugunsten einer der konkurrierenden Glaubenspositionen wieder aufheben möchte, greift in Wahrheit selbst nach einer Diktatur, und wenn es „nur" die des Geistes ist.

Etwas ganz anderes ist der Relativismus auf der Ebene der persönlichen Überzeugungen und Ethiken selbst, die *metaphysische Heimatlosigkeit der Moderne.* Der verwirrende Markt immer neuer Angebote von Lebensstilen und Sinnmustern bringt als unbeabsichtigte Nebenwirkung auch die Verzweiflung derer hervor, denen am Ende alles gleich unwahr und gleichgültig erscheint und die für sich selbst in den Überlieferungen der Tradition und den synthetischen Produkten der Gegenwart nichts Überzeugendes mehr finden können. Für Manchen von ihnen mag auch das Angebot der katholischen Wahrheit ein Ausweg aus der Orientierungsnot sein, sofern sie einen solchen im Ernst suchen. Ihn aber allen als Heil zu verordnen, heißt das Kind mit dem Bade ausschütten, und schlimmer, es heißt auch, die anderen Wahrheiten zu diskreditieren.

Das päpstliche Argument von der Begrenzung der politischen Rolle der säkularen Vernunft durch den christlichen Glauben ist ebenso wie das Beharren zahlreicher Akteure auf der Anrufung Gottes in der Präambel des europäischen Verfassungsentwurfs mit dem sinnfälligen Verweis auf die Notwendigkeit absoluter Grenzen für die Handlungsmacht des Staates untermauert worden. Der Analogieschluss, der dieser Parallelisierung eines positiven und eines negativen Absoluten in der Politik zugrunde liegt, ist freilich weder historisch noch logisch haltbar. Historisch war es ja im überwiegenden Teil der Zeit viel mehr gerade so, dass aus der Legitimation des positiven Absoluten, also Gottes, die Folgerung einer positiv absoluten Ermächtigung des Staatshandelns abgeleitet wurden, eben weil sie ihre göttliche Legitimation glaubhaft machen konnte.

Diese Konsequenz lag unter der Bedingung auf der Hand, dass alle von solcher Herrschaftsausübung betroffenen Menschen dieselbe Glaubensgewissheit teilen. Gerade wenn vorausgesetzt wird, dass es die eine Wahrheit des Glaubens gibt, liegen die beiden absolutistischen Prämissen durchaus nahe, dass nämlich erstens, die Wahrheit selbst auch zur Richtlinie der Legitimation politischen Handelns wird und dass, zweitens, im Interesse der einen Wahrheit für alle die so legitimierte politische Macht auch gegen Widerstrebende als Instrument des göttlichen Willens im Prinzip uneingeschränkte Befugnisse beanspruchen darf. So ist es über weite Strecken, wenn auch selten ganz ohne Einschränkungen, in der Geschichte der christlichen Suprematie in Europa ja auch praktiziert worden, und so wird es von den religiös politischen Fundamentalisten aller Religionen und Konfessionen der Gegenwart begründet und Gehandhabt.

Es sind aber vielmehr die Grundrechte selbst, die eine solche Grenze aller politischen Macht- und Gestaltungswünsche markieren. Sie können aus den Quellen säkularer Vernunft, wie Kant demonstriert hat, schlüssig begründet werden, sofern Vernunft sich nicht in Akten der Selbstverstümmelung ihres eigentlichen Potentials und ihrer unveräußerlichen Verantwortung für die Normen des menschlichen Handelns beraubt und zum Kalkulationsautomaten von Mitteln für beliebige Zwecke wird. Die Grundrechte aber können gleichermaßen, jedenfalls unter den Bedingungen der zivilisierenden Wirkung der Kultur der Moderne, aus allen Religionen und Weltanschauungen der Gegenwartswelt abgeleitet oder vielmehr mit ihnen verträglich gemacht werden, wie die Vorgeschichte zur Beratung der Charta der Grundrechte der Vereinten Nationen von 1966 erweist.

Weil aber Gründe und Motive im menschlichen Handeln nicht immer zusammen fallen, kommt es für die Wahrung der absoluten Grenze politischer Eingriffsmacht am Ende immer darauf an, dass das, was vernünftig begründet wurde, auch wirklich das Handeln der Mächtigen leitet oder, im Falle ihres Versagens, den Protest der Machtlosen beflügelt. Es ist eine offene Frage, die nur konkrete Erfahrung beantworten kann, ob die Berufung auf religiöse Gewissheitsquellen im gegeben Fall diese Lücke schließt oder sie vertieft. Für beides gibt es ja ein Übermaß schlagender Beispiele.

Außer Zweifel aber steht, dass erst durch Aufklärung und Vernunftkritik zivilisierte Religion überhaupt den argumentativen Anschluss an das Thema einer absoluten Grenze der politischen Macht durch die Rechte der Menschen und Bürger findet. Warum eigentlich sollte einem Glaubenspolitiker, der von der Gewissheit seiner Überzeugungen zweifelsfrei durchdrungen ist, der Gedanke, den Irrenden zu seinem Heil zu zwingen, ferner liegen, als der, dessen Irrtum zu heiligen, weil er durch unantastbare Rechte geschützt ist?

Etwas ganz anderes freilich wäre es, würden die Sprecher des organisierten Christentums, die dieses Motiv der absoluten Begrenzung politischer Macht in besonderer Weise als öffentliche Selbstverpflichtung begreifen, dies dann auch so sagen und nicht den Anspruch erheben, nun doch wieder einen Monopolanspruch über das Ganze erheben zu wollen, weil angeblich nur sie selbst dieses Argument glaubhaft und wirksam begründen und garantieren könnten. Die Zweiteilung aber, in Bürger erster und zweiter Klasse, von denen die einen die Begrenzung aller Politik durch Grundrechte in ihrer eigenen Gesinnung konsistent begründen und gewährleisten können, die anderen aber nicht, ist nicht nur historisch und systematisch unhaltbar, sie widerstreitet, wenn nunmehr auch in der Manier des Musterschülers, der sein Klassensoll übererfüllt hat, den geistigen Grundlagen und den Rechtsprinzipien der rechtsstaatlichen Demokratie.

Eine paradigmatische *Grenzüberschreitung*, die viele andere nach sich ziehen und legitimieren kann, ist der Versuch, die Anrufung Gottes, erst Recht des Gottes einer Konfession in der Verfassung eines demokratischen Rechtsstaates zu verankern, die doch das Grundgesetz für das sein soll, was allen Bürgern gemeinsam ist. Ginge es dabei nur um das Argument der Tabuisierung von Grenzüberschreitungen des Staates in das Gebiet der absolut geschützten Menschen- und Bürgerrechte, so wäre, wie etwa im Grundgesetz der Bundesrepublik Deutschland, die prinzipielle Unveränderbarkeit dieser Recht durch legale Verfahren das geeignete und wirksame Mittel. Ein solches Verfassungsprinzip würde die Grenzüberschreitung unwiderruflich ins Abseits illegitimer politischer Handlungsoptionen stellen und ein unübersehbares Tabu an der richtigen Stelle errichten.

Die Anrufung eines Gottes hingegen begründet eine Gefahr und legt die Versuchung der Nutzung eines illegitimen Interpretationsmonopols nahe. Die Gefahr besteht in der prinzipiellen Diskriminierung all jener Staatsbürger, für die die Grundlegung ihres Gemeinwesens in einem

Gottesbezug eine moralische Zumutung und eine staatsbürgerliche Kränkung darstellt. Sie säht einen Keim der Entzweiung in den Boden der Verfassung, die doch ausschließlich das allen Bürgerinnen und Bürgern Gemeinsame verbindlich machen und symbolisch bekräftigen soll, so dass in der Alltagsroutine des politischen Konfliktes wenn nötig auf das, was in jedem Fall unstrittig bleibt, zurückgegriffen werden kann. Was immer die ehrenwerten Motive der Verfechter einer solchen *konstitutionellen Resakralisierung* auch sein mögen, im Ergebnis treiben sie einen Keil ins Konsensbewusstsein der Bürger, gerade dort, wo es seinen dichtesten und am wenigsten anfechtbaren Ausdruck finden soll.

Diese symbolische Deklassierung der Staatsbürger, für die die Verantwortung der Bürgerinnen und Bürger voreinander und gegenüber der unbedingten Geltung der Grundrechte die höchste Berufungsinstanz in politischen Fragen ist und die daher der Anrufung Gottes in Belangen des Gemeinwesens misstrauen, weil sie in ihr einen möglichen Berufungsgrund der Relativierung der geschriebenen Verfassung sehen, ist eine Provokation für den Rechtsfrieden. Jedenfalls ist sie in den Augen mancher Akteure, die sich für sie so vehement einsetzen, kein leeres Ritual. Wie sonst wäre zu erklären, dass ein amtierender Justizminister der Bundesrepublik im Jahre 2002 hat sagen können, zwei Texte seien legitimierende Grundlage aller Politik im Lande: das Grundgesetz und die Bibel. Ist der Gottesbezug denn doch im Zweifelsfalle ein Platzhalter für substanzielle religiöse Intervention? Einer der vielleicht eindeutigsten Belege für die These der Ironie Gottes wurde denn auch durch den politischen Kontext dieser atemberaubenden Äußerung erbracht. Sie kam von einem verfassungsmäßig bestellten Wächter über die Verfassung und, was schwerer wiegt, sie blieb ohne Widerspruch im öffentlichen Raum.

Erst Recht die Debatte über die „eigentlichen" Grundwerte der Verfassung der Bundesrepublik Deutschland am Beginn der Regierungszeit der sozial-liberalen Koalition in den 1970er Jahren zeigte, wie ein Gottesbezug in der Verfassung zum scheinbar sogar legalen, jedenfalls aber dem Anspruch nach legitimen Einfallstor der Privilegierung speziell religiöser und konfessioneller Deutungen von Grundrechten und Verfassungsprinzipien gemacht werden kann. Eine Reihe von Gesetzesvorhaben dieser Koalition, vor allem im Bereich des Schwangerschaftsabbruchs, wurden von der Opposition und den ihr verbündeten Intellektuellen mit dem Argument angegriffen, sie widersprächen zwar nicht im Text der Verfassung, aber doch ihren Grundwerten, die im Lichte der christlichen Tradition zu lesen seien[76]. Die eigentlichen „Grundwerte der Verfassung" seien viel tiefer, substanzieller und umfassender als das, was im Text selbst zu finden ist, weil sich in ihnen die christlich-abendländische Tradition resümiert.

Der *Gott in* der Verfassung scheint *die Religion über der Verfassung* zu legitmieren. Wenn eine solche Deutung, wie etwa im Falle des *Supremes Court* der USA mit einer entgegenkommenden Gesinnung jener Verfassungsrichter rechnen kann, die im Zweifelsfalle den Streit verbindlich schlichten müssen, so kann schnell und radikal aus der vermeintlichen Garantie der Grenze die Patentrechtfertigung für ihre Überschreitung werden. Die fragwürdige Privilegierung einer speziellen Ethik in der Rechtauslegung der für alle Bürger verbindlichen Verfassung wird dann geradezu nahe gelegt. Im Zweifelsfalle spricht ja mehr für den Anschein, dass dieser Bezug noch eine anwendbare Deutung haben muss, als dafür, dass aus ihm nichts abgeleitet werden kann. Der Gottesbezug in der Verfassung ist daher selber die Verletzung der Grenze, deren Heiligung er nach Meinung seiner Verfechter garantieren sollte.

15 Der Schutz der Zivilität

Kirchen und Religionsgemeinschaften würden ihre sozialmoralische Rolle zwar missverstehen, wollten sie sich selbst als geborene Wächter einer vermeintlichen „Zivilreligion" sehen, die den Anspruch erheben kann, mit der politischen Kultur der Demokratie identisch zu sein. Aber sie können und sollten der liberalen Demokratie, wie der Vorsitzende der *Evangelischen Kirche in Deutschland*, Bischof *Wolfgang Huber*, deklarierte, dadurch einen lebenswichtigen Dienst erweisen, dass sie zu einer starken, wenn auch sanften Macht in der Zivilgesellschaft werden[77]. In dieser

---

[76] Vergl. die Texte in Gorscheneck 1977
[77] Huber 2005

Rolle können sie tatsächlich moralische Beiträge zum politischen Gemeinwesen leisten, die nicht nur für Demokratie und Rechtsstaat, sondern für die Sicherung ihrer Zivilisationsgrundlagen selber unersetzlich sind. Die politisch zivilisierte Religion hat das Zeug dazu, wie sie heute vielerorts eindrucksvoll zeigt, einen entscheidenden Beitrag zu Sicherung der moralischen Infrastruktur der modernen Gesellschaft zu leisten, nicht durch die Behauptung eines Moralmonopols im öffentlichen Raum, sondern durch eine verlässliche moralische *Praxis* in Lebenswelt und Bürgergesellschaft.

Zygmunt Baumann hat in seinen, die falschen Fortschrittsgewissheiten endgültig erschütternden Analysen der Bedingungen von *Auschwitz* sichtbar werden lassen, dass es dabei nicht um einen Unfall, sondern um die äußerste Konsequenz einer seelenlosen Modernisierung ging[78]. Die moderne Zivilisation ist labil und leicht zu verletzen, überall und jederzeit. Die Bilder von der Vertreibung und Erniedrigung hunderttausender Menschen aus dem Kosovo, aus unserer Nachbarschaft, die wir vor wenigen Jahren Tag für Tag sahen, anfangs ohne Bereitschaft zum Handeln, erinnerten auf ihre Weise noch einmal an eine der *Lehren* von Auschwitz, obwohl sie ohne Zweifel einer anderen Kategorie von Zivilisationsbruch zugehören, als eilfertige politische Legitimationsversuche suggerierten. Der plötzliche Bruch der Zivilität überlässt der Barbarei das Feld in einer Gesellschaft, in der sich Nachbarn noch bis gestern zueinander als Nachbarn verhielten. Die Anstifter des Zivilisationsverrats hatten freilich eine blendende Ideologie des Ausschlusses der Anderen aus der Gemeinsamkeit verpflichtender Werter parat, in diesem Falle sogar unter Missbrauch christlich-nationaler Motive und Symbole.

Da wurde nach dem historisch eingespielten Muster zunächst dem ausgesonderten Teil der Gesellschaft durch ethnische Ideologisierung die legitime Zugehörigkeit zur „Zivilisation" bestritten, so dass auf einmal Nachbarn durch Nachbarn für Vertreibung, Vergewaltigung und Mord vogelfrei schienen. Nachdem ihre Zugehörigkeit zur Gemeinschaft erst einmal erfolgreich bestritten war, fiel auch vielen von denen, die unter „normalen" Umständen nie eingewilligt hätten, die Teilnahme an Men-

---

[78] Baumann 1992

schen-Hatz und Untat leicht. In Mikro-Form, wenn es um den Ausschluss von „Ausländern" , „Homosexuellen" und weiteren „Anderen" aus der vermeintlich rechtmäßigen Gesellschaft der „Unsrigen" geht, können wir denselben Mechanismus der Entzivilisierung auch mitten unter uns, heute, in unserer eigenen Gesellschaft beobachten.

Soweit empirische Untersuchungen darüber vorliegen, unter welchen Umständen einzelne und kleine Gruppen ziviles Verhalten praktiziert oder verweigert haben, inwieweit Gewalt und Terror ermöglicht und akzeptiert oder eingedämmt und verhindert wurden, stimmen ihre Ergebnisse im wichtigsten Befund überein. Der Zivilisationsbruch beginnt immer mit dem symbolischen Ausschluss der Anderen aus der gemeinsamen Zivilisation und wird durch den *Bruch der lebensweltlichen Gemeinschaft* mit ihnen erleichtert und forciert[79]. Wenn sich in der sozialen Umwelt eine Atmosphäre der Duldung oder gar Ermutigung ausbreitet, so finden sich immer Menschen, die die Chance für Gewalt gegen Andere und ihre Erniedrigung nutzen, auch wenn die Drahtzieher in fernen Zentralen residieren. Der lebensweltliche Bruch nährt die Atmosphäre, die die Untaten begünstigt, und entmutigt jene, die sie nicht billigen, aber die Energien zum Widerstand nicht aufbringen. Solche Spiralbewegungen des sozialen Verantwortungsverlustes können Zivilitätsbrüche im großen Stil auslösen. Auch in Bezug auf Solidarität und altruistisches Handeln spielen die öffentliche Atmosphäre und der kulturelle Erwartungshorizont in der Nahwelt die ausschlaggebende Rolle dafür, ob solches Handeln begünstigt, erwartet und belohnt wird oder auf Gleichgültigkeit oder Ablehnung stößt.

Es kommt also für die Stabilisierung der immer gefährdeten Zivilität im Kleinen und im Großen entscheidend auf die Entfaltung zivilgesellschaftlichen Lebens in den nahen Erfahrungsbereichen der Menschen und darauf an, dass die sozialen Raum-Zeitwelten erhalten bleiben, die sie ermöglichen. Zivilgesellschaft ist zugleich ein analytisch beschreibendes und ein normativ programmatisches Konzept. Der Bestand zivilgesellschaftlicher Verhältnisse muss nicht lediglich bedauernd oder erfreut zur Kenntnis genommen werden, er kann und muss zu einer Aufgabe

---

[79] Offe 1996

kulturellen und politischen Handelns der Gesellschaft gemacht werden, an der viele gesellschaftliche und politische Akteure mitwirken. Kirchen, die sich als Akteure der Zivilgesellschaft verstehen und deren Mitglieder im Alltag so handeln, erweisen der Demokratie den größt möglichen Dienst.

Intakte soziale Lebenswelten machen zivilgesellschaftliches Handeln wahrscheinlicher und starke Zivilgesellschaften sind der beste Schutz gegen ihren Zerfall. Die Erleichterung und Förderung beider durch Verbesserung der materiellen Infrastruktur, durch Förderungen von Initiativen und Projekten ist eine zentrale kommunale und staatliche Aufgabe der Politik und muss es in den von der beschleunigten Modernisierung betroffenen Gesellschaften künftig mehr denn je werden. Zivilität und Zivilgesellschaft bedingen einander.

Der amerikanische Rechtsphilosoph *Stephen L. Carter* beschreibt und beklagt in seinem Buch *Civilty* den Verlust der Zivilität in unserer Zeit und legt dar, was Zivilität heute ist und was sie schützt. Sie ist unter anderem die *etiquette of democracy*[80] . Sie ruht auf den beiden Pfeilern der Großzügigkeit, selbst wo sie kostspielig ist, und dem Vertrauen auch angesichts von Risiken. *Carter* sieht als Maßstab voll entwickelter Zivilität nicht nur die Negatives verhindernde Pflicht, andere nicht zu verletzen, sondern auch die positive Pflicht, ihnen nach Möglichkeit Gutes zu tun, unabhängig davon, ob wir sie mögen oder schätzen. Zivilität verlangt, auch für „Fremde" Opfer zu bringen. Sie ist also Ausdruck der anerkannten Verpflichtung, mit anderen Menschen ein gemeinsames moralisches Leben zu leben. Sie beruht auf der Voraussetzung, dass wir häufig nicht übereinstimmen und verlangt daher nicht, Differenzen zu maskieren, sondern diese mit Respekt vor den Anderen zu regeln, in dem Bewusstsein, *sie könnten Recht haben und wir nicht.*

Zivilität erlaubt die Kritik anderer und den Konflikt mit ihnen, und manchmal verlangt sie beides. Sie ermutigt zum Widerstand gegen die Beherrschung des sozialen Lebens durch die Werte des Marktes. Ihre Grundprinzipien – Großzügigkeit und Vertrauen – sollten aus der Zivilgesellschaft selbst in die Marktbeziehungen und in die Politik, Bereiche,

---

[80] Carter 1998: 279

die von anderen Regeln beherrscht werden, soweit wie möglich hineingetragen werden.

Der soziale Ort, an dem *Zivilität* möglich und nötig wird, sind Lebenswelt und Zivilgesellschaft. Diese wirkt daher als eine Art Brücke zwischen der Moral der privaten Lebensführung und der Geltung des Rechts im Raum öffentlichen Verhaltens. Sie ist *die moralische Infrastruktur moderner Gesellschaften* und umfasst im Kern vier Handlungsfelder:

Erstens: Das Feld der *politischen Foren und Initiativen,* die auf die Institutionen des politischen Systems einwirken. Dazu gehören beispielsweise Bürgerinitiativen, die eine Kommunalverwaltung oder eine Landesregierung beeinflussen wollen, Diskussionsforen, die Themen in die Medien transportieren oder das Wahlverhalten von Bürgern verändern wollen. Dieser Teil der Zivilgesellschaft ist politisch, erlangt aber die beabsichtigten Wirkungen letzten Endes dadurch, dass es ihm gelingt, Entscheidungen im eigentlichen politischen System zu verändern. Es handelt sich dabei nach dem vorherrschenden politikwissenschaftlichen Sprachgebrauch um die demokratisch *liberale Funktion* der Zivilgesellschaft[81].

Zweitens: Politische Selbsthilfeprojekte wie etwa das Wirken von Bürgergruppen für die Erhaltung der Umwelt in einem Wohngebiet, die Selbstorganisation von Lebenszusammenhängen, die selbstbestimmte Organisation und Betreuung von Projekten in den Bereichen öffentlicher Raum oder Sicherheit. Bei dieser *republikanischen Funktion* der Zivilgesellschaft geht es um unmittelbare politische Selbstregierung.

Drittens: Politische *Verhandlungssysteme und politische Netzwerke* mit oder ohne Beteiligung staatlicher Instanzen zur Selbststeuerung des Handelns gesellschaftlicher Akteure, etwa des ökologischen Verhaltens von Unternehmen in Nachbarschaften.

Viertens: Soziale Selbsthilfegruppen, die im überwiegenden Allgemeininteresse soziale Probleme, die auch eine staatliche Lösung in Anspruch nehmen könnten, selbstbestimmt bearbeiten, mit oder ohne staatliche Unterstützung, z. B. Obdachlosengruppen, Dritte-Welt-Gruppen, Altenselbsthilfe, Stadtteilkulturinitiativen, Kranken-Selbsthilfegruppen oder Spielplatzbetreuungsinitiativen.

---

[81] Meyer 2005: 237 ff

Das Potential der Erweiterung und Intensivierung von Aktivitäten in den vier Dimensionen von Zivilgesellschaft erscheint beinahe unerschöpflich. Sie bilden die zentrale soziale Gelegenheitsstruktur für die stete Erneuerung der ethischen Grundwerte, die Bildung von Sozialkapital und Vertrauen. Sie vollbringen das „Wunder", Solidarität in denselben Prozessen, in denen sie verausgabt wird, zu erneuern oder gar zu mehren. Die Zivilgesellschaft ermöglicht in beträchtlichem Umfang eine politische gesellschaftliche Selbststeuerung, sie erhöht durch den Netzwerkcharakter ihrer Entscheidungsbeteiligung das demokratische Potential des Gemeinwesens und sie ist in aller erster Linie der Ort, an dem sich Zivilität behaupten kann, weil sie sie im wiederkehrenden Umgang derselben Menschen miteinander in der gemeinsam geteilten Sphäre ihres Lebens und ihrer moralischen Bewährung beständig einfordert und zur Voraussetzung der Anerkennung aller macht.

Kirchen und Religionsgemeinschaften können in ausgezeichnetem Maße Foren, Fermente, Initiatoren und Energiequellen für eine lebendige Zivilgesellschaft sein, in den kulturell pluralistischen Gesellschaften der Gegenwart freilich nur in dem Maße, wie sie dabei für die anderen Kulturen ihrer Gesellschaft offen bleiben und die zivile Gemeinschaft mit ihnen suchen. Die vollständige Rückbindung des Einzelnen an homogene ethnische oder religiöse Ursprungsgemeinschaften, im Extremfall hermetisch verschlossner Parallelgesellschaften erzeugt hingegen sozialen Sprengstoff und bereitet dem Fundamentalismus den Weg.

Den größten zivilisierenden Wert entfalten zivilgesellschaftliche Initiativen dort, wo sie Menschen, die sich in anderen Hinsichten, wie Religion, Abstammung und Lebenskultur, unterscheiden, zu gemeinsamen sozialen, kulturellen, ethischen oder politischen Zielen zusammenführen und damit die Solidarität zwischen ihnen festigen und gegenseitige Anerkennung füreinander als Verschiedene einüben.

Darum ist die Arbeit an der Belebung zivilgesellschaftlicher Lebenswelten, auch durch politische Initiativen und Hilfen, nicht nur, wie *Zymunt Baumann* sagt, die beste Sicherung gegen die Rückkehr von Zivilitätsfeindschaft im Großen, sondern zugleich der beste Rahmen für die Entmutigung von Akten zivilitätsfeindlichen Handelns im Kleinen.

Zivilität beruht auf Vertrauen und schafft Vertrauen. In den klein-
räumigen Lebenswelten, in denen die Menschen ihre Lebensbedingungen, oft auch ihre Probleme und Sorgen kennen, teilweise auch teilen, in
denen erzwungene Anonymität keine Wurzel schlagen kann, wird das
unzivile Verhalten eher zur Ausnahme, weil Verantwortung und Rechenschaft, Bekanntheit und Vertrautheit zur Regel werden. Dazu können in unserer Gesellschaft die christlichen Gemeinschaften und Bürger
einen entscheidenden Beitrag leisten.

Auch das ist die politische Intervention zur Verteidigung einer moralischen Grenze, nämlich derjenigen des Schutzes sozial und moralisch
intakter Lebenswelten gegen eine orientierungslose Modernisierung und
Ökonomisierung, die ihren Wert nicht kennt. Nicht als Wächter einer
fragwürdigen Zivilreligion, sondern als sanfte Macht in der Zivilgesellschaft erweisen Kirchen und Religionsgemeinschaften der Demokratie
den größten Dienst.

16 Fundamentalismus als Marktzwang?

Die neuere Religionssoziologie erklärt die Differenzierungsprozesse innerhalb der Religionen in modernen Gesellschaften aus den Gesetzen des
ökonomischen Marktmodells[82]. Unter den beiden Voraussetzungen, dass
entgegen der in dieser Hinsicht widerlegten Säkularisierungsthese von
einer großen und beständigen Nachfrage nach Religionsangeboten ohnehin ausgegangen werden kann und dass die Monopolmacht der Staats-
kirchen überall zerbröckelt, ergibt sich schon im reinen Marktmodell,
dass sich die Religionen, Konfessionen und Denominationen immer mehr
vervielfältigen werden, um auf dem Wege des kreativen *confession bran-
ding* jede Marktnische nutzen zu können. Die einzelnen Varianten können sich nur in der schärfer werdenden Abgrenzung voneinander im
Konkurrenzkampf auf dem hart umstrittenen Markt behaupten. Sobald,
dieser Vorstellung zufolge, die autoritäre Dominanz der großen Konfessionen und ihrer zentralistischen Organisationen gebrochen ist, entwi-

---

[82] Iannaccone 1991, Gabriel/Reuter 2004

ckelt sich der Prozess voranschreitender Differenzierung innerhalb und zwischen den Konfessionen unaufhaltsam. Wie die Waschmittelwerbung exemplarisch vorgeführt hat, wirken dabei zwei Gesetze zusammen: zum einen das der Erfindung immer neuer Differenzen und Besonderheiten durch kreative Formen der Synthese, der Hybridbildung, des Rückgriffs auf ältere und älteste Traditionen und des Marketingdesigns; zum anderen das der Überbetonung und sogar Radikalisierung jeglicher Differenz in umso stärkerem Maße, je geringer sie tatsächlich ist.

Das Modell enthält die Diagnose, dass sich Religion in modernen Gesellschaften künftig immer mehr in einer schier unüberschaubaren Fülle von Angeboten und Sonderangeboten präsentiert, so dass am Ende auf Seiten der Nachfrage jeder Gläubige und beinahe jedes Glaubensangebot, das seine speziellen Bedürfnisse befriedigt, ein Fall für sich ist. Darüber hinaus wird dann auch noch von einer beständigen Neigung ausgegangen, sogar aus dieser nahezu unbegrenzten Vielfalt der Angebote jeweils individuelle Patchwork-Muster zu basteln, so dass die Macht der großen Religionsverbände ihre Grundlage in den psychologischen Tatsachen des Glaubens selbst verliert.

Dieses Modell gewinnt seine Plausibilität aus dem Umstand, dass es den scheinbaren Sonderfall der Religionsentwicklung in den USA ein gutes Stück weit zu erklären vermag mit der überraschenden Pointe, dass dieser vermeintliche Sonderfall, wie so vieles am amerikanischen Paradigma, in Wahrheit nicht anderes ist, als der konzentrierteste Ausdruck und die Vorwegnahme einer Entwicklung, auf die alle modernen Gesellschaften letztlich zusteuern. Was das Modell freilich nicht erklären kann, sondern sozusagen als ewige Tatsache des Lebens voraussetzt, ist ein nie nachlassende Bedürfnis nach Religiosität selbst, das auch in modernen Gesellschaften nicht überwunden, sondern immer aufs Neue regeneriert wird.

Aus diesem Grunde ist es, entgegen dem Anspruch seiner Begründer, denn auch kaum in der Lage, die nicht nachlassende Vitalität von Religion in der amerikanischen Gesellschaft zu erklären, es gibt nur Rechenschaft über die besondere Differenziertheit der Religionslandschaft dort und die beispiellose Vitalität der Varianten. Als Erklärungsmuster haftet dem Modell etwas Zynisch-Funktionalistisches an, denn es sieht

von dem doch für den Anspruch aller Religionen konstitutiven Wahrheitsanspruch vollkommen ab und ersetzt ihn durch ein radikales und
letztlich bodenloses Gefühlsmarketing als ausreichenden Grund für den
Erfolg konfessioneller Geltungsansprüche.

Unter diesem Gesichtspunkt kann sogar der Zentralismus und Autoritarismus der katholischen Kirche, der gegen das ethische Selbstverständnis und die Glaubenserfahrung eines großen Teils der gläubigen
Katholiken in aller Welt fortwirkend durchgesetzt wird, eine überra-
schende religionsökonomische Rechtfertigung erfahren. Er wird nämlich
als Alleinstellungsmerkmal zusammen mit der Idee der weltlichen Per-
sonifikation der Glaubenswahrheit im Papsttum zum Garanten des Über-
lebens dieser Konfession auf dem heiß umstrittenen Religionsmarkt. Religiöse Marketingstrategen können daher den jeweils amtierenden Päps-
ten nur empfehlen, in diesen Punkten nicht locker zu lassen, da sie andernfalls unweigerlich ihre Marktchancen schmälern und damit ihre
konfessionelle Selbstbehauptung im globalen Religionsmarkt in Frage
stellen würden. Auch in dieser Hinsicht eignet sich das religionssoziolo-
gische Marktmodell, sobald es von der Erklärungsebene auf die Geltungsebene verschoben wird, ein kräftiger Hauch von Zynismus.

Aus dem Marktmodell ergibt sich eine ambivalente, überwiegend
aber düstere Voraussage für die Zukunft des Verhältnisses der Konfessionen und Denominationen zueinander und zum demokratischen Gemeinwesen. Die Vorherrschaft des Gesetzes der fortschreitenden Erfindung und Radikalisierungen von Differenzen untereinander lässt einen
Hang zur Übertreibung, zur Erlebnissteigerung, zur wechselseitigen
Überbietung, zum Fundamentalismus allerorten erwarten. Wenn sich die
Unterschiede immer mehr zuspitzen, je geringfügiger sie sind, und gerade in dieser Arbeit der Zuspitzung das Grundgesetz der konfessionellen
Selbstbehauptung auf den heiß umkämpften Märkten besteht, sind in der
Perspektive die Charismatiker und die Prediger des fundamentalistischen Absolutheitsanspruchs den anderen überlegen. Dieser Prognose
scheint der Entwicklung in den USA im Verlaufe der letzten drei Jahrzehnte exakt zu entsprechen. Die ansonsten überaus erstaunliche Tendenz einer zunehmenden Schwächung der *mainline*-Religionen zuguns-

ten charismatischer und fundamentalistischer Varianten in der großen liberalen Demokratie findet auf diesem Wege eine plausible Erklärung.

In prognostischer Perspektive lässt sich aus dem Modell aber auch eine entgegenwirkende Tendenz begründen, die für viele Menschen Geltung gewinnen könnte. Es kann auch sein, dass die Menschen in modernen Gesellschaften die Relativität der unzähligen Ansprüche und die Tatsache der individualisierten *Patchwork-Religionen* so massiv und bis zum Überdruss vor Augen geführt bekommen, dass sie ähnlich wie auf dem Markt der Lebensstile zwar aus der Distanz von allem, was ein wenig von der eigenen Wahl abweicht, die eigne Selbstachtung ziehen, aber doch letztlich die Wahl der anderen respektieren, weil sie sehen, dass das, woran sie selber glauben, auch nur das Ergebnis einer widerrufbaren Wahl ist, und deshalb weitgehend frei bleiben von aggressiven Abgrenzungsbedürfnissen. Religion als Lebensstil könnte auch zu einer ähnlichen Dialektik der Unbedingtheit von Abgrenzung und des gleichzeitigen *Laissez-Faire* im Umgang miteinander führen. Wahrscheinlich ist, dass beide Tendenzen für unterschiedliche Menschen ihre Bedeutung gewinnen.

Kombiniert man nun die empirisch relativ gut bestätigte erste These aus dem Marktmodell der Religionen, der zufolge in den offenen Religionsmärkten moderner Gesellschaften sowohl das *Confession-Branding* wie auch die Neigung zur Radikalisierung dieses Angebots Erfolgsbedingung der jeweiligen Anbieter sind, mit der *Unsicherheits-Motivationsthese* aus den Analysen von Norris/Ingelhart, so lässt sich eine spezifische Erwartung für die Verbreitung und die Art und Weise religiöser Lebensführung begründen[83]. Mit all den Unsicherheiten und Vorbehalten, die auf einem so offenen und komplexen Feld wie diesem Thema vorauszusetzen sind, wäre demzufolge eine Entwicklung wahrscheinlich, bei der in den Gesellschaften, die sich dem Typ der sozialen Demokratie und seiner grundrechtsgestützten sozialen Sicherheit auf der Basis hoher Wohlstandsproduktion annähern, die Säkularisierungstendenz am deutlichsten ausgeprägt und die Fundamentalismusneigung am geringsten sind. Hingegen ist zu erwarten, dass im Zuge der Enttraditionalisierung

---

[83] Norris/ Inglehart 2004

in Gesellschaften mit geringer Wohlstandsproduktion oder in den libertären Demokratien mit hohem Lebensstandard aber geringer sozialer Sicherung der Fortbestand oder die Wiederbelebung, vermehrte Verbreitung und Radikalisierung religiöser Lebensformen und gleichzeitig auch die Fundamentalismusneigung am deutlichsten ausgeprägt sein werden.

Eine solche Entwicklung hätte interessanterweise, soweit sich die jüngere Entwicklung der USA in dieser Hinsicht extrapolieren lässt, die Nebenfolge, dass die fundamentalistische Färbung der Zivilreligion zu einer Art populistischer Aushöhlung liberaler Demokratien führt, da die eigentlich politischen Streitfragen von den religiösen Wertfragen im öffentlichen Diskurs und bei den Wahlentscheidungen verdrängt werden. Bei den beiden letzten amerikanischen Präsidentschaftswahlen, aus denen *George W. Bush* als Sieger hervor gegangen ist, aber gleichermaßen in dem bemerkenswerten Qualitätswandel der politischen Öffentlichkeit des Landes, war deutlich zu beobachten, wie das Wechselspiel zwischen einer fundamentalistisch eingefärbten religiösen Zivilgesellschaft und einem Kandidaten funktioniert, der sie symbolisch zu verkörpern scheint und seine Kommunikationsstrategien mit Hilfe der modernsten Werbepsychologie darauf erfolgreich abzustellen versteht.

Eine solche Konstellation führt einerseits zu Entpolitisierung des öffentlichen Raumes, da unter dem fundamentalistischen Konformitätsdruck der eigentliche politische Gehalt der großen Streitfragen hinter den religiösen Bekenntnisfragen verschwindet, und andererseits zum religiösen Populismus, da das eigentliche Qualitätsmerkmal liberaler Öffentlichkeiten, die Dissidenz, in den Ruch der Apostase gerät. Der so entstehende, hohe und religiös kodierte Konformitätsdruck hat eine starke, in den USA offensichtlich bereits dominante Tendenz zur Entdifferenzierung der liberalen Öffentlichkeit in Richtung auf einen plebiszitären Populismus. Diese Tendenz kann, wie wiederum das amerikanische Beispiel vor Augen führt, eine solche Dynamik gewinnen, dass auch die liberale Opposition zu einer weitgehenden Anpassung genötigt ist, sofern sie nicht in eine strukturelle Minderheitsposition abgleiten will.

Unter diesen Umständen tritt eine Art Selbstimmunisierungseffekt der christlichen Hegemonie in Kraft. Je kräftiger sie ausgeprägt ist und je mehr sie an Entscheidungsgewicht für den Ausgang der großen Wahlen gewinnt, umso weniger wird sie von den liberalen und säkularen Kräften innerhalb der politischen Arena noch infrage gestellt, da die Sanktionsdrohung der Marginalisierung für jene, die das riskieren, durchschlagend wirkt. Kulturelle, intellektuelle oder wissenschaftliche Initiativen, die auf öffentliche Einflussnahme in einem gegengerichteten Sinne zielen, finden ohne dies, außer im Ausnahmefall spektakulärer Ereignisse oder krisenhafter Entwicklungen, in der öffentlichen Arena der modernen Mediendemokratien kaum noch Gehör. Eine Spirale der Selbstbestätigung fundamentalistisch eingefärbter „Zivilreligionen" kann sich daher als Folge dieses Immunisierungseffekts leicht und fast ungehindert in Gang setzen.

Es ist gegenwärtig freilich durchaus eine offene Frage, an welchem Punkt sie zum Stillstand gelangen muss, so lange der normative Anspruch liberaler Demokratie nicht als gänzlich verwirkt gelten soll. Das Eintreten des nach *Alexis de Tocqueville* größten anzunehmenden Schadensfalls für die liberale Demokratie, nämlich ihre *populistisch-majoritäre* Entleerung trotz ungeschmälerten Fortbestands ihre Institutionen, die dann praktisch in die Rolle einer täuschenden Kulisse schlüpfen, ist schwer zu prognostizieren, eben weil das für die Qualität rechtsstaatlicher Demokratien entscheidende Kriterium in den Augen der meisten Betrachter im Faktum des Fortbestands ihrer Institutionen besteht.

Eine subtilere und wissentlich realistische Analyse dieser Zusammenhänge hat für die USA unter der Präsidentschaft *George W. Bushs* der italienische Intellektuelle *Flores d'Arcais* zu Beginn der zweiten Amtsperiode dieses selbstgewissen Machthabers vorgelegt[84]. Ihr zufolge ist durch eine Kombination der beschriebenen populistischen Tendenz mit Strategien der personellen Besetzung von politischen Schlüsselinstitutionen wie dem *Supreme Court* der Vereinigten Staaten die liberale Qualität dieser Demokratie trotz des Weiterbestehens ihrer Jahrhunderte alten, ehrwürdigen Institutionen schon auf entscheidende Weise unterminiert.

Der starke und religiös imprägnierte Homogenitätsdruck, der auf die politische Kultur des Landes durch die neue Hegemonie einer fundamentalistisch eingefärbten Frömmigkeit im öffentlichen Raum ausgeübt wird, drängt die Alternativen, für die auch in diesem Lande immer-

---

[84] d'Arcais 2005

hin noch weit über ein Drittel der Bevölkerung stehen, scheinbar unaufhaltsam an den Rand der großen Öffentlichkeit. Jedenfalls gelingt es den zahlreichen liberalen Intellektuellen und Sozialwissenschaftlern, die gegen den neuen Kurs auf argumentativ eindrucksvolle Weise ihre Stimme erheben, auch nicht annähernd, das ethisch-argumentative Gewicht und die Zahl derer, die dafür als Individuen einstehen, öffentlich geltend zu machen. Sobald nämlich die politischen Streitfragen zu Glaubensfragen zugerichtet werden, beginnt die Prägewirkung von Freund-Feind-Schablonen und die Mobilisierung der Gläubigen anhand symbolischer Bekenntnisfragen, aber ohne politisch diskursive Vermittlung.

Dabei geht es nicht lediglich um den Sachverhalt, dass diese religiös-politische Strömung der politischen Kultur des Landes gegenwärtig nun einmal die Mehrheit erobert hat mit all den Effekten, die sich daraus trivialer Weise ergeben. Den Ausschlag für die Entfaltung der unübersehbaren illiberalen Effekte geben vielmehr drei Besonderheiten, die sich aus ihrem spezifischen religiösen Charakter ergeben. Der eine besteht in der selbstgewiss rigorosen Art, dem eigentlichen religiös-politischen Fundamentalismus, in den sie ohne hin fließend übergeht, mit der die politischen und religiösen Führer dieser Mehrheitstendenz ihre Einfluss- und Machtchancen nutzen, als sei das Gemeinwesen ihr Gott gegebener Besitz. Eine andere Besonderheit ergibt sich aus der Wiedereinführung des Gewissheitsmotivs in den öffentlichen Raum, das die religiös überhöhte Freund-Feind-Polarisierung wie von selbst aus sich hervor treibt. Und die dritte Besonderheit folgt aus dem Kurzschluss, den das Entgegenkommen der Frommen nahe legt, die öffentlichen Wahlen als eine Art Glaubensakt zu verstehen und zu handhaben. Der Missionseifer, der auf diese Weise in die politische Kultur zurückkehrt, sieht für die politischen und kulturellen Alternativen im öffentlichen Raum und deren Repräsentanten im Grunde keinen legitimen Platz mehr vor. *Carl Schmitt* verdrängt *Hannah Arendt* als Schutzpatronin des Selbstverständnisses politischer Öffentlichkeit in der liberalen Demokratie, sobald sich diese Spirale zu drehen beginnt. Das ist der *Gau* der liberalen Demokratie, deren Institutionen als glänzende Attrappen auf der politischen Bühne unbeschädigt bleiben und den Eindruck erwecken, das Spiel gehe weiter, während das Stück, das nun gegeben wird, in Wahrheit einer anderen Welt zugehört.

Kein Zweifel, Kirchen und Religionsgemeinschaften, und zwar alle, die die politischen Grundwerte der rechtsstaatlichen Demokratie anerkennen, haben ein Recht auf jederzeitige Intervention im öffentlichen Raum, um ihre Interessen zu verteidigen und ihre Argumente geltend zu machen. Dies tun sie aber in ihrer Eigenschaft als Interessenorganisationen, Bürgerinitiativen oder Sachverständige im Medium des Politischen und in ihrer Eigenschaft als Teilnehmer am politischen Spiel wie alle anderen auch. Sobald sie den Anspruch erheben, die Regeln des politischen Spiels als, wie Hannah Arendt es formulierte, Verständigungshandeln zwischen Gleichen über das, was allen gemeinsam ist, zu verändern oder sich über sie unter Verweis auf ihrer höhere Mission zu erheben, beginnen sie, die Fundamente der liberalen Demokratie zu untergraben. Ein Regime des plebiszitären Bekenntnispopulismus kann sich, sobald diese Bedingung erfüllt ist, auch in der Institutionen-Welt der liberalen Demokratie rasch einspielen. Das Beispiel der jüngsten Entwicklung in den USA mit ihrer Tendenz, Entwicklungen vorzugreifen, die anderswo Nachahmer finden, ist in dieser Hinsicht durchaus eine ernste Warnung. Auch auf dem durchaus vergleichbaren Feld der Mediatisierung der Politik ist die amerikanische Vorbildrolle hierzulande schließlich solange mit Entrüstung und vielen passablen Argumenten zurückgewiesen worden, bis sie sich am Ende fast vollständig erfüllt hatte.

17   Ethische Großmacht ohne Mandat?

Das Bestreben, die eigene Gruppenethik zur verbindlichen Moral des ganzen Gemeinwesens zu machen, ist das Kennzeichen des religiös-politischen Fundamentalismus. Politische Religion in den Grenzen des demokratischen Rechtsstaats muss sich von dieser Versuchung fernhalten, auch wenn die Stimmen der anderen Religionen noch nicht erstarkt sind, und die der säkularen Vernunft schwächer werden oder gar verstummen. Es geht dabei um die Verteidigung einer der wichtigsten

Grenzen der liberalen Demokratie, die in unwegsamem Gelände verläuft und streckenweise nicht klar gezogen ist. Die entleerende Säkularisierung scheint dazu einzuladen, dass diejenigen ethischen Kollektive, die die stärkste gemeinschaftliche Organisationsmacht und Motivationskraft entfalten können, auch ein inhaltliches Definitionsrecht darüber beanspruchen, welche ethischen Normen gelten müssen und wie sie im konkreten Anwendungsfall auszulegen sind. Diese Verführung liegt nahe. Nach der harten Pluralismusregel, wonach das Gemeinwohl nichts anderes sein kann als das Ergebnis des Kampfes der Interessen im rechtsstaatlichen Rahmen, setzen sich dann bei der Auslegung der allgemeinen Rechtsnormen der Verfassung eben die stärksten Bataillone durch, also jene, die für ihr Auslegungsinteresse die größte soziale und publizistische Repräsentationsmacht entfalten können. Diese Regel ist freilich schon bei den regulativen und distributiven politischen Entscheidungen über profane Interessen höchst fragwürdig und wird daher in fast allen liberalen Verfassungen durch geschriebene oder ungeschriebene soziale Grundrechte und Fairnessregeln begrenzt.

Für die ethischen Grundfragen der Auslegung der Verfassungsnormen ist die pluralistische Machtregel verfassungsrechtlich unakzeptabel, denn sie würde gerade im Bereich der konstitutiven Fragen der persönlichen und kollektiven Identität zur Missachtung grundlegender Ansprüche führen, die eigentlich durch die Verfassung geschützt werden sollten[85]. Das gilt für die gesamte Palette der ethischen Fragen, die sich am Beginn und am Ende des menschlichen Lebens stellen in exemplarischer Weise. Der Geist des politischen Liberalismus, wie er vor allem von *John Rawls* auf den Begriff gebracht und mit Vernunftargumenten begründet worden ist, verlangt eine andere Vorrangregel. Ihr zufolge kann für das ganze Gemeinwesen nur diejenige Deutung der Rechtsgrundsätze der Verfassung gelten, über die zwischen den divergenten Religionen, Welt-

---

[85] Es erübrigt sich hinzuzufügen, dass dies in den Ergebnissen der Gesetzgebung in einer Verfassungsordnung wie derjenigen der Bundesrepublik Deutschland immer nur in dem Maße seinen Niederschlag finden kann, wie es im Zweifelsfalle dem Urteil der Mehrheit der Richter in den zuständigen Senaten des Bundesverfassungsgerichts standhält.

anschauungen und Orientierungsweisen ein Konsens gefunden werden kann. Nur dieser Rahmen ist für alle politisch-ethisch verbindlich. Weitergehende Gebote und Restriktionen, wie sie beispielhaft auf dem Gebiet der Schwangerschaftsunterbrechung von bestimmten religiösen Gruppen mit fundamentalistischer Vehemenz verfochten werden, können dann eben legitimer Weise nicht als verbindliche Normen für alle geltend gemacht werden. Gerade Fragen dieser Art lassen aber deutlich werden, dass dieses ethisch-rechtliche Gebiet wiederum von einer kennzeichnenden Asymmetrie geprägt ist. Die angemessene minimalexpansive Deutung solcher Normen hindert nämlich keine der konkurrierenden ethisch-weltanschaulichen Deutungskollektive daran, im eigenen Rahmen die spezielleren und restriktiveren Normen zu praktizieren, für die sie einsteht. Umgekehrt würde aber die ethisch expansive Auslegung der selben Normen zwangsläufig dazu führen, dass das dominante Kollektiv eine verbindliche Auslegung durchsetzt, die ihm selber maßgeschneidert die ethische Lebenspraxis erlaubt, die es verlangt, während die abweichenden ethischen Kollektive unter einen Zwang gestellt würden, der sie an einer ihren eigenen Normen gemäßen ethischen Lebensführung gerade hindert.

Der Wille zu dieser Asymmetrie, die die eigenen ethischen Handlungschancen noch nicht einmal erweitert, die der abweichenden Kollektive aber gegen deren Willen häufig in empfindlicher Weise beschneidet, entspricht schon ein Stück weit dem fundamentalistischen Habitus. Auch in dieser Frage zeigt das Beispiel der USA, wie eine offensiv gehandhabte zivilreligiöse Auslegungsdominanz am Ende grundlegende Errungenschaften der liberalen Demokratie in Frage stellen oder gar faktisch zunichte machen kann. Das gilt für die Schwangerschaftsunterbrechung ebenso wie die Lehrfreiheit in den Schulen im Hinblick auf die Evolutionstheorie. Schon hat im Sommer 2005 der Wiener *Kardinal Christoph Schönborn*, dem Beispiel der amerikanischen Evangelikalen folgend, die *Intelligent-Design-These* adoptiert, deren Hauptfunktion darin besteht, die Evolutionstheorie aus den schulischen Lehrplänen zu verdrängen oder sie darin zu marginalisieren, ohne offen den Anspruch auf die Dominanz religiöser Glaubenspositionen in diesem Bereich erheben zu müssen.

Für die liberale Demokratie ist es überlebenswichtig, dass die Grenze zwischen den für alle verbindlichen Rechtsnormen und den unterschiedlichen Kollektivethiken, die sich in ihrem Rahmen entfalten können und sollen, nicht verwischt wird. Das öffentliche Bewusstsein, dass keine der Gruppen im Namen des Ganzen sprechen kann, jedenfalls dann nicht, wenn Widerspruch erkennbar ist, bleibt ein lebenssicherndes Grundgebot der liberalen Demokratie.

Ihrem eigenen Geltungsanspruch nach resultieren die Rechtsnormen der liberalen Demokratie nicht aus den Glaubensüberzeugungen spezieller kollektiver Ethiken, sondern aus den Normen, die sich im Hinblick auf die grundlegende Freiheitsnorm für alle vernünftig, das heißt einer allgemeinen Zustimmung fähig, begründen lassen. Sie gelten, weil sie im Hinblick auf ein universalistisches Freiheitsverständnis gegen alle Einwände verteidigt werden können und in diesem Sinne vernünftig begründet sind. Die Zivilisierung des Absoluten in den Religionen bedeutet im Kern nichts anderes, als ihre Einwilligung in diese Regel. Sie überarbeiten ihre eigenen ethischen Überlieferungen mit dem Ziel, alle öffentlichen Ansprüche zu revidieren, die mit den Grundnormen der liberalen Demokratie nicht verträglich sind und alle öffentlich wirksamen Überzeugungen in diesem Lichte auszulegen.

Bei den neuen ethischen Fragen zu Anfang und Ende des menschlichen Lebens haben die christlichen Religionsgemeinschaften einen Anspruch darauf, dass das Umstrittene nicht einfach dem *Privatismus der Fundamentalismen (Ulrich Beck)* überlassen wird, sondern alle ethischen Kollektive an der Erarbeitung für alle anderen akzeptabler Konsense oder Kompromisse mitwirken. Diese Fragen, in denen es nach ihrem begründeten Urteil um den Schutz des menschlichen Lebens und der Menschenwürde geht, bleiben im Kern politische Fragen. Aber sie dürfen ihre eigene Ethik nicht an die Stelle des Konsenses setzen, wo er ausbleibt, und müssen nach Lösungen suchen, die die Vorstellungen der Anderen von Leben und Würde anerkennen.

Das Absolute, das die Sinnquelle der christlichen Überzeugungen darstellt, kann am Ende des Prozesses religiöser Zivilisierung nicht mehr für die Legitimation von Ansprüchen herangezogen werden, die den demokratischen Verfassungsstaat und die zu ihm gehörenden Normen

relativieren. Im öffentlichen Raum wird im Verlaufe dieses Zivilisations-
prozesses das Absolute der Religion selbst zu einem politisch Relativen.
Absolut ist es nur noch für den persönlichen Glauben und als unbedingte
Motivationskraft der Gläubigen, sich für die Werte und Normen der liberalen Demokratie kompromisslos einzusetzen, aber nicht mehr als Gel-
tungsgrund für öffentliche Entscheidungen, die alle binden.

Das Lessing'sche Minimum

Die Ironie Gottes, die christliche Dominanz der Öffentlichkeit ohne einen Bekenntniskonsens in der Gesellschaft, bringt die liberale Demokratie aus dem Gleichgewicht. Sie könnte ohne rechtzeitige Gegensteuerung auch bei uns jener Tendenz zum christlichen Populismus Vorschub leisten, der die alte Musterdemokratie des Westens, die USA, seit geraumer Zeit ergriffen hat. In ihr wäre dann nur noch legitim, was im richtigen Sinne christlich ist. Politische Verständigungsprobleme würden allmählich in religiöse Wahrheitsfragen umgemünzt. Eine neue Stufe der zivilisierenden Selbstreflexion des politischen Christentums steht daher auf der Tagesordnung.

Weder der christliche Glaube noch irgendein anderer ist notwendige Bedingung oder natürliche Grundlage der politischen Kultur der rechtsstaatlichen Demokratie. Im Gegenteil, das Faktum des sich immer weiter auffächernden kulturellen Pluralismus so gut wie aller Demokratien der Gegenwart erzwingt eine den Horizont jeder einzelnen Religion überschreitende Begründung nicht nur für ihre Institutionen, sondern gleichermaßen auch für die Einstellungen, Überzeugungen und Verhaltensformen, derer sie für ihre Funktionsfähigkeit und Nachhaltigkeit bedarf. Das können nur Gründe sein, die unabhängig von den konfessionellen Überzeugungen konkurrierender Religionen und Weltanschauungen Geltungskraft gewinnen. Sobald eine von ihnen den Anspruch erhebt, den privilegierten Zugang zu den Quellen der politischen Grundlagen des kulturell vielfältigen Gemeinwesens zu besitzen, kündigt sie den Religionsfrieden und den politischen Gesellschaftsvertrag des demokratischen Rechtsstaats unweigerlich auf, was immer ihre eigenen wohlmeinenden Motive dabei sein mögen. Das gilt – und das ist das Neue an unserer Lage – gerade auch dann, wenn die Gegenstimmen der Anderen im öffentlichen Raum der Mediengesellschaft kaum noch zu vernehmen sind.

Es ist ein Alarmzeichen, das eine Grenze markiert, wenn ein Plakat, das christliche Demonstranten im Frühjahr 2005 aus Anlass eines Protestzuges gegen die Entscheidung des Berliner Senat für einen gemeinsamen Ethikunterricht und gegen den bekennenden Religionsunterricht als Pflichtfach an den Schulen des Landes mit sich führten, ohne öffentlichen Protest der Veranstalter die Überschrift tragen kann: *Gott ist größer als der Berliner Senat.* Sie zeigt, wie eine engagierte „Zivilreligion", die sich als Wahrheit des Ganzen missversteht, ohne Vorsatz zwar, aber mit eindeutigem Effekt, der fundamentalistischen Versuchung erliegt, einer demokratisch entschiedenen Politik mit einer übergroßen Wahrheitsgeste am falschen Ort die Legitimität zu bestreiten, wenn sie sich ihr nicht fügt.

Eine „Zivilreligion" im eigentlichen Sinne kann es im pluralistischen Rechtsstaat nicht geben. Die rhetorische Umwidmung der politischen Kultur der Demokratie zu einer Form von Religion schafft keine neue Klarheit und verwischt auf folgenreiche Weise die in kulturelle pluralistischen Gesellschaften immer wichtiger werdenden Grenzen zwischen Glaubensansprüchen und politischen Überzeugungen. Sie wirkt als schiefe Ebene, auf der die faktische Hegemonie der Religion im öffentlichen Raum der modernen Demokratie allmählich zur Glaubensgewissheit und zu einer Art ungeschriebenem Verfassungsprinzip abrutschen könnte. Der Weg in die christlich-populistisch ausgehöhlte Demokratie amerikanischen Musters wird geöffnet.

Das *Lessing'*sche Minimum einer aufgeklärten Gesellschaft muss gültig bleiben. Es besteht darin, im Verhältnis der Glaubensüberzeugungen zueinander und bei der Entscheidung der für alle verbindlichen politischen Fragen Wahrheitsüberzeugungen nicht als feste Gewissheiten gegen die Anderen in Stellung zu bringen. Religiöse Wahrheit kann in der rechtsstaatlichen Demokratie kein öffentlicher Anspruch mehr sein. Allein die Grundrechte und die Institutionen der liberalen Demokratie können den Status vereinbarter politischer Gewissheiten in Anspruch nehmen, weil unwiderlegbar ist, dass sie die institutionellen Bedingungen der Möglichkeit für die Selbstbehauptung unterschiedlicher Wahrheitsansprüche und für einen Prozess gewaltfreier Verständigung zwischen ihnen darstellen. Jeder Versuch, die eigene Wahrheit über dieses Minimum hinaus zur Gewissheit für alle machen zu wollen, untergräbt die rechtsstaatliche Demokratie und gefährdet im Übrigen am Ende auch alle Religionsansprüche, die nicht mit den je herrschenden Gewissheiten im Bunde sind. Darum müssen die Grenzen zwischen Religion und Politik klar gezogen bleiben, auch wenn die Politisierung der Religion als Stimme der Zivilgesellschaft im demokratischen Rechtsstaat notwendig, unvermeidlich und willkommen ist, aber eben nicht als Zivilreligion, sondern als Akteur der Zivilgesellschaft, wie alle anderen zivilgesellschaftlichen Akteure auch.

Die an demokratischer Stabilität und pluralistischer Streitkultur interessierten Sprecher der Konfessionen müssen daher bei all ihren legitimen Interventionen im öffentlichen Raum die beiden demokratischen Einschränkungen ihres Anspruchs real und symbolisch deutlich erkennbar bleiben lassen. Gewissheitsansprüche des Glaubens können, *erstens*, im politischen Prozess keine Gültigkeit beanspruchen. Und sie dürfen, *zweitens*, auch dann nicht der Versuchung erliegen, die Stimme des Ganzen zu sein, wenn die Stimmen der anderen in der öffentlichen Arena nur schwach zu vernehmen sind und auf der Medienbühne keine Rolle spielen.

Es könnte sonst sein, dass sich nicht der Fundamentalismus als die eigentliche Gefahr für die rechtsstaatliche Demokratie und die zivile Vernunft der Gegenwartswelt erweist, sondern, und sei es auch gegen den eigenen Willen, eine falsch verstandene Zivilreligion, die als selbsternannter Anwalt des demokratischen Rechtsstaats beginnt, aber mangels ebenbürtiger Kontrahenten und wohlorganisierter Gegengewichte in einem öffentlichen Meinungsmonopol endet, dass allmählich als eine Macht erscheint, deren Geltungsansprüche sich aus anderen Quellen speisen als denen der deliberativen Bürgervernunft.

Sollte einmal in der öffentlichen Arena der Slogan *Gott ist größer als der demokratische Rechtstaat* wie ein Argument Gehör finden, dann hätte sich die *Ironie* Gottes, die uns noch Zeit und Raum zur Gegenwehr lässt, in seine *Rache* verwandelt, die keinen Einspruch mehr duldet. Ein Schuss Ironie im Glaube, das Bewusstsein, dass auch die Anderen recht haben könnten, also das Lessing'sche Minimum tut not. Was also an der Zeit wäre, ist ein *vierte Phase* der zivilisierenden Selbstreflexion des politischen Christentums: auch ohne organisierte und medial inszenierte geistige Gegenkraft der Versuchung zur Hegemonialmacht nicht zu erliegen.

Zitierte Literatur

Allafi, Mohammed/Allafi, Sabine 2003: Iran an der Schwelle zur Demokratie? Die erste islamische Republik in den Konturen der neuen Weltordnung. Frankfurt/M.

Assheuer, Thomas 2004: „Auf dem Gipfel der Freundlichkeiten. Jürgen Habermas und Kardinal Ratzinger diskutieren über Religion und Aufklärung", in: Die Zeit, Nr. 5, 22.01.2004.

Baudrillrad, Jean 1978: Die Agonie des Realen. Berlin.

Baumann, Zygmunt 1992: Dialektik der Ordnung. Die Moderne und der Holocaust. Hamburg.

Beck, Ulrich 1993: Die Erfindung des Politischen. Frankfurt/M.

Bellah, Robert N. 1958: The Place of Religion in Human Action. In: The Review of Religion, 22.

Bellah, Robert N. 1970: Beyond Belief. New York.

Bielefeldt, Heiner 2003: Muslime im säkularen Rechtsstaat. Integrationschancen durch Religionsfreiheit. Bielefeldt.

Bielefeldt, Heiner/Heitmeyer, Wilhelm (Hg.) 1998: Politisierte Religion. Frankfurt/M.

Böckenförde, Ernst Wolfgang 1991: Recht, Staat, Freiheit. Studien zur Rechtsphilosophie, Staatstheorie und Verfassungsgeschichte. Frankfurt/M.

Bourdieu, Pierre 1982: Die feinen Unterschiede. Kritik der gesellschaftlichen Urteilskraft. Frankfurt/M.

Casanova, José 1996: „Chancen und Gefahren öffentlicher Religion. Ost- und Westeuropa im Vergleich", in: Kallscheuer, Otto (Hrsg.): Das Europa der Religionen. Ein Kontinent zwischen Säkularisierung und Fundamentalismus. Frankfurt/ M.: 181-210.

Casanova, José 2000: „Private und öffentliche Religionen", in: Müller, Hans-Peter/Sigmund, Steffen (Hrsg.): Zeitgenössische amerikanische Soziologie. Opladen.

D' Arcais, Flores 2005: ist Amerika noch eine Demokratie? Die Zeit. 20.1.05. Nr. 4.

Dworkin, Ronald 1994: Life's Dominion. An Argument about Abortion, Euthanasia, and Individual Freedom. New York.

Dworkin, Ronald 2000: Sovereign Virtue. The Theory and Practice of Equality. Cambridge.

Eder, Klaus 2002: „Europäische Säkularisierung – ein Sonderweg in die postsäkulare Gesellschaft?", in: Berliner Journal für Soziologie, Nr.3, 331-343.

Eichler, Willi 1967: Weltanschauung und Politik. Frankfurt/M.

Ende, Werner/ Steinbach, Udo (Hg.) 1984: Der Islam in der Gegenwart. München.

Gabriel, Karl (Hrsg.) 2003: Jahrbuch für Christliche Sozialwissenschaften. Münster.

Gabriel, Karl 2005 . Kirchen, Religion und Religiosität in Deutschland. Papier für die Tagung der Friedrich-Ebert-Stiftung „Entzauberung der Welt oder Rückkehr der Götter?" Berlin 28.4.2005.

Gabriel, Karl/ Reuter, Hans-Richard (Hrsg.) (2004): Religion und Gesellschaft. Paderborn u.a.

Geyer, Christian (Hg.) 2001: Biopolitik. Die Positionen. Frankfurt/M.

Gorscheneck, Gunter 1977 (Hg.): Grundwerte in Staat und Gesellschaft. München.

Graf, Friedrich-Wilhelm 2005: Die Wiederkehr der Götter. Papier für die Tagung der Friedrich-Ebert-Stiftung „Entzauberung der Welt oder Rückkehr der Götter?" Berlin 28.4.2005.

Haag, Karl Heinz (Hg.) 1963: Die Lehre vom Sein in der modernen Philosophie. Frankfurt/M.

Haag, Karl Heinz 1967: Philosophischer Idealismus. Frankfurt/M.

Habermas, Jürgen 2001: Glauben und Wissen. Frankfurt/ M.

Habermas, Jürgen 1985: Der philosophische Diskurs der Moderne. Frankfurt/ M.

Habermas, Jürgen 1990: Strukturwandel der Öffentlichkeit. Untersuchung zu einer Kategorie der bürgerlichen Gesellschaft. Frankfurt/M.

Habermas, Jürgen/ Ratzinger, Joseph u.a. 2005: Dialektik der Säkularisierung. Freiburg.

Heller, Erdmute/ Mosbahi,Hassouna (H.) 1998: Islam. Demokratie. Moderne. Aktuelle Antworten arabischer Denker. München.

Hildebrandt, Mathias/ Brocker, Manfred/ Behr Hartmut 2001: Säkularisierung und Resakralisierung in westlichen Gesellschaften. Wiesbaden.

Hofstede, Geert 1994: Cultures and Organizations. Intercultural Cooperation and Its Importance for Survival. London.

Horkheimer, Max/ Adorno, Theodor W. 1944: Dialektik der Aufklärung. Philosophische Fragmente. Amsterdam.

Huber, Wolfgang 2005: Die Religionen und der Staat. Hg. Friedrich-Ebert-Stiftung. Bonn.

Hunt, Morton 1992 Das Rätsel der Nächstenliebe. Der Mensch zwischen Egoismus und Altruismus. Frankfurt/ M.

Huntington, Samuel 2005: Who are We. Free Press.

Huttner, Markus 1999: Totalitarismus und säkulare Religionen. Bonn.

Iannaccone, Lawrence R. 1991: "The Consequence of Religious Market Structure: Adam Smith and the Economics of Religion", in: Rationality and Society, Nr. 3, 156-177.

Kallscheuer, Otto (Hg.) 1996: Das Europa der Religionen. Ein Kontinent zwischen Säkularisierung und Fundamentalismus. Frankfurt/M.

Kandel, Johannes/ Mörschel, Tobias 2005: Religion in der politischen Kultur der Gegenwart. Göttingen. Im Erscheinen.

Kant, Immanuel 1969: Werke, Hg. Von Wilhelm Weischedel. Darmstadt.

Kepel, Gilles 1991: Die Rache Gottes. Radikale Moslems, Christen und Juden auf dem Vormarsch. München.

Kepplinger, Hans Mathias 1987: Darstellungseffekte. Experimentelle Untersuchungen zur Wirkung von Pressefotos und Fernsehfilmen. München.

Kierkegaard, Sören 1910 ff: Gesammelte Werke, Jena.

Kimminich, Otto 1977: Die Grundwerte im demokratischen Rechtsstaat. In: Zeitschrift für Politik. Jg.24. (NF),H.1.

Krzeminski, Adam 2005: „Europa ist heute in einem miserablen Zustand. Der Philosoph Jürgen Habermas über rückgratlose Politik in Deutschland, die heilende Kraft der Erinnerung und den neuen Papst", in: Die Welt, 04.05.2005.

Lee, Eun-Jeung 2003: Anti-Europa. Die Geschichte der Rezeption des Konfuzianismus und der konfuzianischern Gesellschaft seit der frühen Aufklärung. Münster, Hamburg, London.

Lehmann, Hartmut 2001: Protestantisches Christentum im Prozeß der Säkularisierung. Göttingen.

Lehmann, Hartmut (Hg.): Säkularisierung. Dechristianisierung. Rechristianisierung im neuzeitlichen Europa: Bilanz und Perspektiven der Forschung. Göttingen.

Lehmann, Hartmut 2005: Sonderweg Amerika. Religion in den USA. Papier für die Tagung der Friedrich-Ebert-Stiftung „Entzauberung der Welt oder Rückkehr der Götter?" Berlin 28.4.2005.

Lübbe, Hermann 1979: Religion nach der Aufklärung. In: Oelmüller, Willi/ Dölle, Ruth/ Ebach, Jürgen/ Przybylski, Hartmut (Hg.): Diskurs. Religion. Paderborn u.a.

Luckmann, Thomas 1991: Die unsichtbare Religion. Frankfurt/ M.

Luhmann, Niklas 2000: Die Religion der Gesellschaft. Frankfurt/ M.

Marty, Martin M Apply, R. Scott (Hg.) 1991: Fundamentalisms Observed. Chicago.

Marty, Martin M Apply, R. Scott (Hg.) 1993: Fundamentalism and the State. Chicago.

Marty, Martin M Apply, R. Scott (Hg.) 1995: Fundamentalism Comprehended. Chicago.

Meyer, Thomas 1989a: Fundamentalismus. Aufstand gegen die Moderne. Reinbek.

Meyer, Thomas (Hg.) 1989b: Fundamentalismus in der modernen Welt. Frankfurt/M.

Meyer, Thomas 2002: Identitätspolitik. Vom Missbrauch kultureller Unterschiede. Frankfurt/M.

Meyer, Thomas 2005: Theorie der Sozialen Demokratie. Wiesbaden.

Münch, Richard 1996: Die Kultur der Moderne. 2 Bände. Frankfurt/M.

Nink, Caspar 1963: Das Individuum. In: Haag, Karl Heinz, aaO.

Norris, Pippa/ Inglehart, Ronald 2004: Sacred and Secular. Religion and Politics worldwide. New York.

Offe, Claus 1996: Modern „Barabarity": A Micro-State of Nature? In: Heller, A./ Puncher Rieckmann S. (Hg.): Biopolitics. The Politics of Body, Race and Nature. Wien.

Pannenberg, Woflhart 1986: Problemgeschichte der neueren evangelischen Theologie in Deutschland. Stuttgart.

Pieper, Annemarie 2000: Sören Kierkegaard, München.

Plasser, Fritz/ Plasser, Gunda 2002: Globaliserung der Wahlkämpfe. Wien.

Porter, Roy 1991: Kleine Geschichte der Aufklärung. Berlin.

Postman, Neil 1985: Wir amüsieren uns zu Tode. Urteilsbildung im Zeitalter der Unterhaltungsindustrie. Frankfurt/M.

Ratzinger, Joseph 2004: Salz der Erde. München.

Ratzinger, Joseph 2005: Werte in Zeiten des Umbruchs. Freiburg.

Rawls, John 1998: Politischer Liberalismus, Frankfurt/M.

Roberts, John .M.1986: Der Triumph des Abendlandes. Düsseldorf, Wien.

Roetz, Heiner 1995: Konfuzius. München.

Rorty, Richard 1992: Kontingenz, Ironie und Solidarität. Frankfurt/ M.

Rutz, Michael 2005: „Staat und Religion. Aus der Münchner Debatte zwischen Joseph Kardinal Ratzinger und Jürgen Habermas. Kontrolle für die Vernunft", in: Rheinischer Merkur, Nr. 16, 21.04.2005.

Schieder, Rolf 2001: Wieviel Religion verträgt Deutschland? Frankfurt/M.

Schieder, Rolf 2005: Das Verhältnis von Politik und Religion in der politischen Kultur Deutschlands. In: Kandel/Mörschel, aaO.

Schlegel, Friedrich 1967: Kritische Ausgabe. Hg.v. Behler. München, Paderborn, Wien.

Schnädelbach, Herbert 2004: „Jenseits des Christentums. Das Profane ist unser Schicksal", In: Süddeutsche Zeitung v. 12.06.2004, 14.

Schuck, Christoph 2003: Der indonesische Demokratisierungsprozess. Baden Baden.

Schuller, Florian 2005: Papst Benedikt XVI. Erbe und Auftrag. Katholische Akademie Bayern. www.kath-akademie-bayern.de.

Schulze, Gerhard 1992: Die Erlebnisgesellschaft. Kultursoziologie der Gegenwart. Frankfurt/M., New York.

Siedentop, Larry 2000: Demokratie in Europa. Stuttgart.

Sloterdijk, Peter 1983: Kritik der zynischen Vernunft. Frankfurt/ M.

Volpi, Frederic 2002: Islam and Democracy. The Failure of Dialogue in Algeria. London.

Walzel, Oskar 1938: Methode? Ironie bei Friedrich Schlegel und Solger. Amsterdam.

Watanabe, Hiroschi 1998: Confucianism in Modern Japan. Paper. The University of Tokyo. Faculty of Law.

Weber, Max 1978: Gesammelte Aufsätze zur Religionssoziologie. Tübingen.

Winch, Peter 1966: Die Idee der Sozialwissenschaft und ihr Verhältnis zur Philosophie. Frankfurt/ M.

Winch, Peter 2002: Versuchen zu verstehen. Frankfurt/ M.

Lehrbücher

Heinz Abels

Interaktion, Identität, Präsentation
Kleine Einführung in interpretative Theorien der Soziologie
3. Aufl. 2004. 203 S. Hagener Studientexte zur Soziologie. Br. EUR 17,90
ISBN 3-531-43183-8

Thorsten Bonacker (Hrsg.)

Sozialwissenschaftliche Konflikttheorien
Eine Einführung
3., durchges. Aufl. 2005. 538 S.
Friedens- und Konfliktforschung, Bd. 5.
Br. EUR 29,90
ISBN 3-531-14425-1

Klaus Feldmann

Soziologie kompakt
Eine Einführung
3., überarb. Aufl. 2005. 394 S. mit 59 Abb.
Br. EUR 19,90
ISBN 3-531-24188-5

Hans Albrecht Hesse

Einführung in die Rechtssoziologie
2004. 226 S. Br. EUR 21,90
ISBN 3-531-14260-7

Peter Imbusch / Ralf Zoll (Hrsg.)

Friedens- und Konfliktforschung
Eine Einführung
3., überarb. Aufl. 2005. 585 S. Friedens- und Konfliktforschung. Br. EUR 24,90
ISBN 3-531-14426-X

Karl-Dieter Opp

Methodologie der Sozialwissenschaften
Einführung in Probleme ihrer Theorienbildung und praktischen Anwendung
6. Aufl. 2005. 271 S. Br. EUR 24,90
ISBN 3-531-52759-2

Irene Raehlmann

Zeit und Arbeit
Eine Einführung
2004. 237 S. mit 2 Abb. und 2 Tab.
Br. EUR 23,90
ISBN 3-531-14110-4

Jürgen Raithel

Jugendliches Risikoverhalten
Eine Einführung
2004. 197 S. Br. EUR 18,90
ISBN 3-531-14366-2

Erhältlich im Buchhandel oder beim Verlag.
Änderungen vorbehalten. Stand: Januar 2005.

www.vs-verlag.de

VS VERLAG FÜR SOZIALWISSENSCHAFTEN

Abraham-Lincoln-Straße 46
65189 Wiesbaden
Tel. 0611.7878-722
Fax 0611.7878-400